Orientação e Supervisão Escolar:
caminhos e perspectivas

Sandra Terezinha Urbanetz
Simone Zampier da Silva

Orientação e Supervisão Escolar:
caminhos e perspectivas

Av. Vicente Machado, 317 . 14º andar
Centro . Cep 80420-010 . Curitiba . PR . Brasil
Fone: (41) 2103-7306
www.editoraibpex.com.br
editora@editoraibpex.com.br

Conselho editorial
Dr. Ivo José Both (presidente)
Drª. Elena Godoy
Dr. Sérgio Roberto Lopes
Dr. Ulf Gregor Baranow

Editor-chefe
Lindsay Azambuja

Editores-assistentes
Ariadne Nunes Wenger
Marcela de Abreu Freitas

Análise de informação
Silvia Hadas

Revisão de texto
Dorian Cristiane Gerke

Capa
Denis Kaio Tanaami

Projeto gráfico
Bruno Palma e Silva

Diagramação
Bruno de Oliveira

U72o   Urbanetz, Sandra Terezinha
           Orientação e supervisão escolar: caminhos e perspectivas/
       Sandra Terezinha Urbanetz, Simone Zampier da Silva. –
       Curitiba: Ibpex, 2008.
       101 p.

       ISBN 978-85-99583-89-0

       1. Professores – Formação. 2. Orientação educacional.
       3. Supervisão escolar. I.Silva, Simone Zampier da. II. Título.

                     CDD 370.71
                     20.ed

1ª edição, 2008.

Informamos que é de inteira responsabilidade do autor a emissão de conceitos.

Nenhuma parte desta publicação poderá ser reproduzida por qualquer meio ou forma sem a prévia autorização da Editora Ibpex.

A violação dos direitos autorais é crime estabelecido na Lei n. 9.610/1998 e punido pelo art. 184 do Código Penal.

Esta obra é utilizada como material didático nos cursos do Grupo Uninter.

APRESENTAÇÃO

Esta discussão sobre a supervisão escolar e a orientação educacional diz respeito a alguns aspectos da trajetória de formação dos profissionais da educação, tanto de professores como de pedagogos, que nunca esteve desvinculada, pois, desde que o curso de Pedagogia foi criado, com o objetivo de atender à demanda governamental por técnicos especializados em educação, a discussão sobre a formação dos pedagogos articulou-se com a formação dos professores em geral.

O objetivo desta obra é contribuir para a reflexão, buscando a incorporação de uma práxis em que a teoria não explique somente a realidade, mas promova, junto à prática, o movimento contínuo da vida.

    Este livro organiza-se com base nas discussões sobre o conceito de trabalho como elemento de humanização e apresenta um breve histórico do curso de Pedagogia, da supervisão escolar e da orientação educacional, bem como a conceituação do trabalho pedagógico como um trabalho articulado e intimamente vinculado aos objetivos educacionais, além de outras questões que permeiam a discussão na área de formação de professores e pedagogos.

SUMÁRIO

Introdução, 9

UM   O trabalho como elemento da socialização humana e sua interação na prática educativa, 11

DOIS   A trajetória dos profissionais da educação, 37

TRÊS   A busca da unidade: pedagogo, 53

QUATRO   O trabalho coletivo: o caminho da gestão educacional, 67

Considerações finais, 81
Glossário, 87
Referências por capítulo, 89
Referências, 91
Bibliografia comentada, 95
Gabarito, 99

INTRODUÇÃO

Por meio de uma linguagem simbólica e singular, muitos poemas e músicas comparam a beleza das pessoas com a beleza da música. Neste texto, queremos aproveitar para falar da beleza da atividade pedagógica, uma atividade composta por diversos e, em alguns momentos, conflitantes fatores que, em sua complexidade, expressam também a complexidade do ser humano, enquanto sujeito histórico. Essa complexidade, longe de ser apenas desafiadora, é também bela. Bela porque é cheia de possibilidades, assim como o é o ser humano. Por tudo isso, o trabalho escolar pode ser comparado a uma música, tocada ou cantada por várias pessoas.

Sempre influenciada por diversos fatores, a rede de relações presente no contexto educacional, seja ele escolar ou não, nos intriga e apaixona. Organizados socialmente, os seres humanos estabelecem seus ritos e *modus vivendi* modo de organização social referente a determinado grupo em determinado tempo histórico de acordo com a época em que vivem e com seu desenvolvimento. A sociedade transforma-se, torna-se mais complexa e descobre-se a cada tempo, buscando mais e mais saberes, conhecimentos, relações. Da mesma forma, a prática educativa característica de cada momento histórico e/ou de cada grupo social é complexa, conflituosa, exigindo o permanente levantamento de problemas, assim como a análise crítica e coletiva para a proposição de possíveis alternativas de intervenção e atuação dos profissionais da educação.

A escola, enquanto instituição eleita pela sociedade como o espaço do saber por excelência, não se furta a essa complexidade social. Dentro dela, e para além de seus muros, as relações pedagógicas, essencialmente humanas, ainda nos desafiam. É assim que vemos este trabalho. Pensar a orientação e a supervisão é mais um dos desafios que nos cabem como educadores. O estudo proposto neste texto tem a finalidade de contribuir para o enfrentamento dos problemas do cotidiano e apontar possíveis caminhos. Pensar e agir é preciso.

Com o diálogo que estabeleceremos durante este estudo, esperamos contribuir para o avanço da compreensão sobre a diferença que a nossa atuação como profissionais da educação, ou melhor, como pedagogos, faz na promoção da ação educativa que objetiva o processo de humanização dos seres humanos.

Convidamos a todos a discutir, analisar e partilhar conosco esse desafio.

O TRABALHO COMO ELEMENTO DA SOCIALIZAÇÃO HUMANA E SUA INTERAÇÃO NA PRÁTICA EDUCATIVA

UM

Neste capítulo, discutiremos a concepção de trabalho como categoria definidora do ser humano. O entendimento dessa concepção é fundamental para a compreensão da atividade educativa como atividade humana, portanto social e histórica.

Refletiremos sobre esse conceito com base na concepção materialista histórica, que considera que os homens fazem a história, mas não a fazem de qualquer forma. Essa construção histórica está sempre vinculada à realidade de cada tempo e de cada grupo social em seus diferentes tempos e modos de vida.

O que isso tem a ver com pedagogos e professores? Por serem profissionais inseridos na realidade atual, eles constroem essa realidade e são construídos com base nela. As condições concretas de vida, de atuação e de inserção social determinam as ações humanas e são determinadas por elas. Portanto, os professores e pedagogos, bem como todos os indivíduos, são influenciados por essas condições.

A consciência disso clarifica as ações pedagógicas, pois, quando o profissional da educação "localiza-se" no tempo e no espaço social em que vive, tem maiores chances de conseguir uma atuação coerente com o que ele acredita ser o melhor.

1.1
AS RELAÇÕES HUMANAS E O TRABALHO

Sabendo-se que o ser humano nasce com os instrumentos necessários para a sua sobrevivência, mas que é preciso um processo de humanização, o qual se dará pelas relações humanas existentes no ambiente em que esse ser humano é gerado e educado, pode-se dizer que as relações pedagógicas estão intimamente ligadas com a formação humana.

O homem nasce pronto, mas não acabado. Isso significa que, ao nascer, já traz consigo todos os instrumentos de que precisará para garantir sua sobrevivência na Terra. Mas é necessário que aprenda a usar esses instrumentos. O ser humano se constrói todos os dias, apropriando-se, transformando ou moldando-se às condições sociais e materiais da sociedade em que está inserido, num processo dialético que não se faz de modo linear ou pessoal, mas de forma articulada ao grupo em que está inserido.

Dentro dessa visão, é o aprendizado do uso desses instrumentos que garante ao ser humano o processo de humanização, que pode ser entendido como um processo de socialização, já que o homem não se humaniza solitariamente. Sozinho, o ser humano nem sobreviveria.

Esse aprendizado se dá nas relações de trabalho e se expressa em diferentes âmbitos, considerando-se que o trabalho, aqui entendido como toda atividade humana, tem vertentes não apenas materiais, mas também subjetivas.

Então, por que ensinar é mais que um ato humano vocacional, como genericamente se afirmava antigamente? Por que é necessário um olhar cuidadoso sobre os princípios da boa vontade e da dedicação pessoal do professor quando se discute educação? Porque hoje se tem a clareza de que ensinar é primordialmente uma relação que se aprende, se desenvolve e se aprimora, que exige conhecimento e, portanto, competência.

Ensinar é uma relação de trabalho que se dá do homem para com outros homens, do homem para com a natureza e do homem para consigo mesmo. O homem relaciona-se com a natureza ao ensinar porque ela é fonte de inúmeros conhecimentos, e relaciona-se consigo mesmo por meio das relações com os outros homens porque estes também são fonte permanente de conhecimento. É nessa dinâmica que o ato de ensinar e aprender é trabalho.

A partir do entendimento das ações humanas como ações intencionais, planejadas e socialmente realizadas é que se compreende o conceito de trabalho. Esse conceito é fundamental para o entendimento da constituição dos profissionais da educação, especialmente o pedagogo, que é nosso objeto de estudo, assim como de todo profissional marcado por sua época histórica.

É o trabalho que humaniza o homem, ou seja, que o diferencia dos outros animais, pois é somente ele que, por meio do trabalho, é capaz de criar, modificar e transformar constantemente a natureza, a si mesmo e aos outros, num movimento permanente de avanços e retrocessos.

Nessa perspectiva, cabe citar Frigotto e Ciavatta:

O trabalho, em seu sentido de produção de bens úteis materiais e simbólicos ou criador de valores de uso, é condição constitutiva da vida dos seres humanos em relação aos outros. Mediante isso, o trabalho transforma os bens da natureza ou os produz para responder, antes de tudo, às suas múltiplas necessidades. Por isso o trabalho é humanamente imprescindível ao homem desde sempre.[1]

O trabalho, ao se constituir como expressão da organização material dos homens, mas também como base de suas experiências culturais e sociais, não pode ser dissociado da sua dimensão educativa. Contudo, ao se pensar sobre as relações que o determinam, percebe-se que a dimensão criadora e libertadora do trabalho humano, como afirmam os autores, não tem sido assumida por todos, ou melhor, não há interesse de alguns grupos em assumir uma concepção humanizadora de trabalho.

É importante debruçar-se sobre essa idéia e trazer à luz por que isso acontece. Conforme dito no início dessa discussão, o conceito de trabalho se constrói segundo a história de cada sociedade e, conseqüentemente, segundo a concepção de homem intrínseca a cada período. Concorda-se aqui com Frigotto e Ciavatta quando eles afirmam que "a história humana, infelizmente, até hoje, reitera a exploração de seres humanos e de classes sobre classes"[2].

Isso significa que tomar o trabalho como princípio educativo implica a compreensão do movimento humano, social e histórico, e de sua constituição no tempo histórico. A organização da escolarização nas diversas sociedades humanas exemplifica esse movimento. A cada momento histórico e, paralelamente, em cada grupo social, a constituição dos modelos escolares e/ou de escolarização demonstra as concepções dominantes de homem, de sociedade e de escola.

1.2
O TRABALHO NO CONTEXTO CAPITALISTA

Conforme a discussão apontada no item anterior, a concepção de trabalho se constrói num contexto sócio-histórico. O trabalho tanto pode ser expressão da liberdade humana como da necessidade[3], ou seja, tanto pode significar uma possibilidade para o ser humano se construir, individual e coletivamente, nas diferentes dimensões (social, econômica, emocional e cultural) como um elemento de dominação e exploração humana, como ocorre no modelo capitalista.

Considerando que não se pode tomar de forma estanque ou de forma negativa os avanços e recuos de cada período histórico, analisaremos a organização atual do mundo do trabalho e sua relação com a organização da educação, especificamente escolar, assim como as possibilidades de superação possíveis na realidade em que estamos inseridos.

Socialmente, o trabalho é o meio de sobrevivência dos indivíduos na sociedade capitalista, que se instituiu historicamente em substituição ao feudalismo e se caracteriza fundamentalmente pela propriedade privada dos meios de produção e pela divisão entre capital e trabalho. Nesse sistema, o capital é entendido como meio de produção e o trabalho, como força de trabalho. Em decorrência disso, o capital deve preparar o homem em cada época para atender às suas necessidades.

Uma das premissas da modernidade era a formação do homem certo para o lugar certo. Hoje, a grande premissa é a formação para a incerteza, para a empregabilidade, para a flexibilidade no desenvolvimento de novas tarefas e funções no mundo do trabalho.

É importante localizar historicamente a modernidade, para que se possa compreender o grau e as bases de organização do capital nesse momento. Faz-se necessário ressaltar que os marcos históricos são a expressão da organização humana e que os fatos apresentados não são estanques ou compartimentados, ou seja, há avanços e retrocessos, rupturas e permanências que precisam ser considerados.

Tomar-se-á por referência o período que vai da Idade Média até a Idade Contemporânea, chamando-se a atenção para o fato de que tantos séculos de história não permitem uma síntese sem que se caia em simplificações e que não se pretende desconsiderar a constituição histórica de sociedades de períodos anteriores. Tomou-se a organização social européia desse período para fins de análise com o objetivo de clarificar a expressão na realidade das idéias expostas a seguir.

A Idade Média abarca um período de mil anos, que vai desde a queda do Império Romano (476) até a tomada de Constantinopla (1453) pelos turcos.[4] A característica desse período histórico, e dos homens medievais, era a propriedade, especificamente a propriedade de terras, de bens e de vidas alheias. Como era a religião que dirigia a vida das pessoas, para os homens dessa época era o Senhor que escolhia quem seria ou não proprietário. Na modernidade (séculos XVI e XVII), com o desmanchar dos castelos medievais da fé, o trabalho produtivo e o direito a ele passaram a ser a nova regra, o novo paradigma.

O século XV marcou o início da Idade Moderna, que se estendeu até 1789, data da Revolução Francesa, começo da Idade Contemporânea. Nesse período inicial da modernidade, a ascensão da burguesia impulsionou a Revolução Comercial, cujos princípios definiram o cenário para o liberalismo.[5]

Para que se compreenda o processo de reorganização material e social desse período, cabe retomar que, no cenário mundial vigente no século XVII, ainda persistiam as contradições decorrentes do processo de desmantelamento da ordem feudal e da ascensão da burguesia, com o conseqüente desenvolvimento do capitalismo.

Com a intensificação do comércio, a colonização do Novo Mundo assumia características empresariais, enquanto a Europa era inundada pelas riquezas extraídas da América. O crescimento das manufaturas alterou as formas de trabalho. Os artesãos perderam seus instrumentos de trabalho para os capitalistas e, reunidos nos galpões onde nasceriam as futuras fábricas, passaram a receber salários.[6]

Os movimentos históricos são sempre contraditórios, carregando em si positividades e negatividades. Nesse contexto, é importante ressaltar que, para o capital, o propósito maior é o aumento da produção de capital e, conseqüentemente, a expansão dos lucros. Um dos resultados dessa premissa é a especialização do indivíduo em determinadas tarefas de produção. Ao se fragmentar o trabalho, mantém-se a hegemonia do sistema capitalista. Para esse fim, faz-se também necessário que o capital seja proprietário dos meios de produção, fontes geradoras de valor.

No período histórico denominado Idade Contemporânea, as transformações que ocorreram nas formas de produção e, conseqüentemente, nas relações entre trabalhadores e patrões alteraram a forma de organização social. A Revolução Industrial* foi a expressão dessas mudanças.

O trabalho produtivo, na perspectiva do trabalho assalariado, era o elemento fundante dessa reorganização social contemporânea. Passou a ser o fundamento da organização humana na relação entre capital e trabalho, que correspondem, respectivamente, ao lucro e ao contrato entre as partes, ou seja, na relação entre quem detinha os bens do capital (máquinas) e quem disponibilizava sua força de trabalho.

---

* Para que se compreenda com maior clareza essa reorganização material da sociedade e conseqüentemente do mundo do trabalho, a Revolução Industrial alterou a fisionomia do mundo com novas máquinas e técnicas que alteraram a produtividade, assim como os processos de agricultura. Deu-se também uma revolução nos transportes, com o navio a vapor, a construção de rodovias e ferrovias. Novas fontes de energia como o petróleo e a eletricidade substituíram o carvão. Acentuou-se o processo de deslocamento da população do campo para as cidades, que passaram a concentrar grande massa trabalhadora. Expande-se o mercado e a necessidade de absorção dos excedentes da indústria. É um novo tempo em que a reorganização material da sociedade expressa-se em todas as dimensões humanas e reflete pelo próximo século. (ARANHA, 2006, p. 200).

Justamente pelo fato de que o homem é um ser histórico, responsável pela produção de sua existência, processo condicionado às relações que os indivíduos estabelecem entre si, ele determina em cada época o elemento fundante de sua existência, pois "a realidade é produto da ação criadora dos homens"[7]. Se na Idade Média tem-se a propriedade de terras e a religião como os elementos fundantes da vida humana, na sociedade contemporânea tem-se o trabalho produtivo desempenhando esse papel.

Sob a forma capitalista, o trabalho produtivo visa à produção de mercadorias que encerram ao mesmo tempo um VALOR DE USO e UM VALOR, ou seja, servem ao produtor ou à sua família (valor de uso) e contêm em si o resultado do trabalho humano (valor). Daí que o trabalho também tem um duplo caráter: é concreto e/ou útil enquanto atividade produtiva, com o objetivo de produzir valor de uso, e representa um dispêndio de força de trabalho humano, que cria valor.

Veja-se em Marx o conceito de trabalho:

> *Antes de tudo, o trabalho é um processo de que participam o homem e a natureza, processo em que o ser humano, com sua própria ação, impulsiona, regula e controla seu intercâmbio material com a natureza. Defronta-se com a natureza como uma de suas forças. Põe em movimento as forças naturais de seu corpo – braços e pernas, cabeças e mãos – a fim de apropriar-se dos recursos da natureza, imprimindo-lhes forma útil à vida humana. Atuando assim sobre a natureza externa e modificando-a, ao mesmo tempo modifica sua própria natureza. Desenvolve as potencialidades nela adormecidas e submete ao seu domínio o jogo das forças naturais.*[8]

Portanto, o trabalho que cria valor de uso é "indispensável à existência do homem"[9]. A produção, a criação humana, ou seja, o trabalho, produz valores em formas materializadas, em objetos que satisfazem as necessidades humanas. Desde que o homem é homem, ele faz isto: transforma e cria para a sua própria satisfação.

No sistema capitalista, essa transformação produz, além do valor de uso, um VALOR DE TROCA. Aqui encontra-se a mercadoria. Os homens não mais criam ou transformam as coisas e objetos para si, mas para o outro, que pagará determinado valor para adquiri-los.

Esse valor é a concretização ou materialização do trabalho abstrato, e a forma aparente do valor é o valor de troca de uma mercadoria. Isso nos leva à compreensão de que esses equivalentes serão sempre contingentes em relação ao tempo, lugar e/ou circunstâncias. Sua única igualdade é o fato de serem fruto do trabalho humano. Ou seja, o trabalho enquanto produção de valor é a forma como a existência na sociedade capitalista se mantém.

Nessa sociedade, o homem aparece não mais como artesão, mas como operário, forjado no incremento da máquina, que não detém mais os seus instrumentos de trabalho e também não domina mais o processo completo de produção.

Conforme Marx, "a divisão manufatureira do trabalho pressupõe a autoridade incondicional do capitalista sobre seres humanos transformados em simples membros de um mecanismo que a ele pertence"[10], deixando claro que houve uma intensificação da exploração humana e que os trabalhadores se encontravam sob o jugo da máquina em fábricas e indústrias.

No capitalismo, a indústria, que seria o meio mais poderoso de reduzir o tempo de trabalho, transformou-se no meio mais poderoso de exploração da família operária, que passa a se constituir tão-somente como força de trabalho a serviço do capital.

O conceito marxista de trabalho produtivo como aquele que produz mercadoria e de trabalho improdutivo como aquele que produz renda serve de maneira bastante consistente à explanação que aqui se pretende fazer, ainda que no cotidiano humano ambos se mesclem nas relações sociais de produção em que se realizam.

A classe trabalhadora "faz para si mesmo o trabalho improdutivo"[11], ao mesmo tempo em que participa do processo produtivo capitalista. Essa classe, com sua força, faz do trabalho sua única riqueza, sua fonte de sobrevivência, e só pode fazer para si o trabalho denominado improdutivo, após ter trabalhado produtivamente e realizado as trocas referentes a essa produção. Portanto, a idéia de que "trabalho improdutivo é o trabalho com participação indireta na produção"[12] dá a medida exata do entrelaçamento dessas duas formas de trabalho.

O texto abaixo possibilita uma melhor compreensão do que foi visto até agora:

- Valor – Tudo aquilo que advém da produção humana.
- Valor de uso – Aquilo que advém da produção humana para a garantia da sobrevivência e/ou prazer de quem produziu.
- Valor de troca – Aquilo que é produzido com o objetivo de troca ou venda.

Torna-se mais fácil o entendimento desses conceitos com o exemplo do trabalho na agricultura: tudo o que uma pessoa ou família planta cria um valor; quando essa família planta para seu próprio sustento ou consumo, cria valor de uso e tudo o que ela planta para vender é valor de troca.

1.3
Regulamentação dos direitos trabalhistas

Desde o advento do capitalismo, muitas décadas se passaram até que os trabalhadores conseguissem se organizar e ter força social para pressionar governos e constituir direitos.

As lutas operárias, apesar de intensas, demoraram a dar frutos. É preciso ressaltar que, como essas lutas são expressões da ação humana, as conquistas, mesmo que nem sempre se concretizem da forma desejada, estão sempre em foco e geram embates entre diferentes grupos sociais, ou seja, as gerações que se seguem não podem se acomodar com o que já foi alcançado, visto que novas décadas trazem novas necessidades e desafios no mundo do trabalho, exigindo que as discussões e análises permaneçam em pauta.

Em alguns países, os trabalhadores conseguiram estabelecer limites bastante significativos ao capital, conquistando algumas garantias e benefícios, como diminuição das horas trabalhadas, assistência à saúde e aposentadoria.

As lutas por melhores condições de trabalho consolidaram leis e estruturaram Estados fortes capazes de mediar, até certo momento, as relações entre capital e trabalho, sempre, é claro, do ponto de vista do capital, visto que, desde o início de sua estruturação, o sistema capitalista contou com o suporte estatal, sem o qual não poderia se tornar hegemônico. O Estado, atuando como regulador dos conflitos entre capital e trabalho, sistematicamente tem agido no sentido de consolidar o capital e em poucos países estabeleceu-se um contraponto a isso. Na maioria deles, o máximo que se conseguiu foi a constituição de leis trabalhistas.

No Brasil, as lutas operárias, apesar de conseguirem avanços em termos de benefícios e direitos, não conseguiram estabelecer um Estado de Bem-Estar sólido. A estrutura político-econômico-social organizou-se de forma dependente do capital internacional e há poucos investimentos em áreas primordiais como saúde e educação.

O crescimento econômico nacional dos anos 1970 cobrou seu preço nos anos 1980, afetando profundamente a inserção socioeconômica da população. É nesse período que se verificou a perda da capacidade da indústria brasileira de dinamizar a estrutura ocupacional.

O mercado de trabalho se modificou, havendo uma diminuição de postos de trabalho nas indústrias e um aumento deles no comércio e no setor de serviços. O emprego passou a ser artigo raro, mas os subempregos, as atividades informais, as ocupações temporárias e sazonais se proliferaram. Enfim, o "bico" transformou-se em modo de vida.

Aliada à reestruturação econômica, vigorava (e vigora até hoje) a inculcação ideológica da cultura do individualismo, da responsabilidade pessoal pelo sucesso ou fracasso. Ou seja, quem tinha muita vontade conseguia um espaço satisfatório no mundo do trabalho. Reforçando essa idéia, a mídia, com raras exceções, sempre destacou casos isolados de sucesso pessoal e de empreendedorismo, reforçando essa ideologia da "boa vontade".

A mediação que, teoricamente, deveria ser realizada pelo Estado para garantir os direitos dos trabalhadores diante do capital esfacelou-se a cada dia com maior rapidez, até porque as relações não se dão mais apenas entre capital e trabalho, mas também entre capital financeiro, investido nas bolsas de valores e investimentos, e capital produtivo, investido na produção e no trabalho, sendo este último colocado na "ponta mais fraca da corda".

Na passagem da década de 1980 para a de 1990, houve um intenso processo de concentração de renda, fruto da implantação de políticas econômicas. As diferenças sociais se aprofundaram e os mais ricos afastaram-se dos mais pobres de forma espantosa. O Estado, sempre tímido e ineficiente na implementação de políticas sociais, estava cada vez mais descompromissado com as condições de vida do trabalhador.

Nos anos 1990, realizaram-se reformas cujo objetivo maior era a modernização do Estado brasileiro, para adequar-se às exigências da economia mundial.[13] Uma série de medidas foram implantadas, dentre elas as políticas sociais a seguir:

> a) *descentralização do ponto de vista político, transferindo-se recursos e atribuições para os níveis políticos regionais;*

b) descentralização administrativa, através da delegação de autoridade aos administradores públicos, transformados em gerentes cada vez mais autônomos;
c) organizações com poucos níveis hierárquicos, ao invés de piramidais;
d) pressuposto da confiança limitada, e não da desconfiança total;
e) controle a posteriori, ao invés do controle rígido, passo a passo, dos processos administrativos [...].[14]

Cabe destacar que o processo de descentralização acima citado teve grande impacto nas políticas educacionais, como se pode ver pela determinação a seguir: "A descentralização implicará também um movimento de repasse direto de certas obrigações de órgãos do sistema para a escola"[15].

Ainda abordando as políticas econômicas e seu reflexo na realidade educacional, é importante destacar que os governos neoliberais defendem a ampliação do poder dos pais dos alunos na realidade escolar, o que superficialmente é tomado como conquista de autonomia e qualidade na educação. No entanto, configura-se como um encolhimento do papel do Estado como mantenedor econômico da escola em todas as suas dimensões (manutenção e ampliação de prédios, instalação e sustentação de recursos tecnológicos, fornecimento de material didático, realização de programas de formação continuada para os professores) e, ao mesmo tempo, como uma ampliação do controle e da avaliação da gestão desenvolvida nas instituições escolares. Isso está diretamente relacionado à organização do papel do pedagogo na realidade educacional e à estrutura da divisão do trabalho na escola, conforme será explicitado no próximo capítulo.

Entre os modelos de organização do capital, cabe explanar que "o que faz o sucesso de um modelo de desenvolvimento é corresponder ele a um momento do capitalismo"[16].

Para fins de marco histórico, "a data inicial simbólica do fordismo deve por certo ser 1914, quando Henry Ford introduziu seu dia de oito horas e cinco dólares como recompensa para os trabalhadores da linha automática de montagem de carros que ele estabelecera no ano anterior em Dearbon, Michigan (EUA)"[17]. O modelo consolidado como fordismo acabou fundindo-se ao taylorismo, criando o rígido modelo conhecido por taylorista-fordista, que se caracteriza por atividades sistemáticas, repetitivas e cronometradas na linha de montagem, grandes estoques e fiscalização permanente por um supervisor.

Nesse sistema de produção, fortaleceram-se movimentos sociais de conflito entre trabalhadores e patrões, tendo em vista a própria organização material dos ambientes e dos trabalhadores nas linhas de produção, assim como a utilização de mão-de-obra de imigrantes, que tinham poucas habilidades manuais e desconheciam o processo produtivo em sua totalidade.[18]

Dentro desse processo, a reorganização da produção forjou, junto ao modelo taylorista-fordista, um outro modelo, conhecido como toyotismo, em que os operários realizam tarefas diversificadas agrupados em ilhas de produção, a hierarquia é mais horizontalizada, o grupo é responsável pelo cumprimento das metas e a produção está diretamente relacionada à demanda.

Essas mudanças administrativas na forma de produção tornaram o mundo do trabalho muito precário. À rigidez do modelo taylorista-fordista, fundado no poder político que unia o "grande trabalho, o grande capital e o grande governo"[19], entrelaçaram-se modelos de reestruturação econômica e um reajustamento social e político.

O toyotismo é uma resposta à crise do fordismo nos anos 70. Em lugar do trabalho desqualificado, o operário é levado à polivalência. Em vez da linha individualizada, ele integra uma equipe. No lugar da produção em massa, para "satisfazer" a equipe que vem depois da sua na cadeia. Em suma, o toyotismo elimina, aparentemente, o trabalho repetitivo, ultra-simplificado, desmotivante, embrutecedor. Afinal chegou a hora do enriquecimento profissional, do cliente satisfeito, do controle da qualidade.[20]

A reestruturação promovida pelo modelo toyotista, apoiada na flexibilidade dos produtos e padrões de consumo, dos mercados e dos processos de trabalho, produziu uma diversidade de relações, mudando radicalmente, mas não eliminando, a forma anterior. Além disso, trouxe consigo altos níveis de desemprego estrutural – ou seja, não mais o desemprego eventual ou esporádico –, ampliou o setor de serviços e estabeleceu uma precariedade generalizada em todos os níveis do emprego.

O trabalho define o grau de inserção que os indivíduos têm na organização social. Pode-se dizer que o salário recebido é a medida da cidadania*, já que determina as possibilidades de participação na cadeia produtiva como consumidores dos bens sociais.

Com o apoio ideológico do Estado, o capital apresentou-se como a grande solução para a humanidade, diante da crise do mundo feudal. De todos os seus momentos críticos (como, por exemplo, a quebra da Bolsa de Nova York, nos anos 1930), saiu fortalecido e reformado, tanto que atualmente o problema estrutural do desemprego é visto pela maioria das pessoas como um problema individual de falta de capacitação, de criatividade etc. O que não é dito é que não há trabalho para todos. A afirmação de que falta qualificação para os postos de trabalho pode valer em certos casos, mas, na verdade, a lógica capitalista é a lógica do muito para poucos e do pouco para muitos. Portanto, é a lógica da exclusão.

Durante o desenvolvimento histórico do capitalismo, não se cumpriu a promessa de distribuição de renda. Os trabalhadores continuam

---

*   Aqui está utilizando-se o conceito de cidadania no sentido do indivíduo que consegue participar da sociedade, não apenas como trabalhador, mas também como consumidor.

tendo apenas a sua força de trabalho como passaporte para a aquisição dos bens produzidos socialmente, ou seja, ainda continuam indo ao mercado com seu potencial individual.

A propriedade dos meios de produção permanece nas mãos do capital e ao trabalhador só resta a venda de sua força de trabalho. Por mais que essa força seja fonte de riqueza, a necessidade de trabalhadores continua sendo uma necessidade não imediata, pois a reorganização produtiva tem constantemente produzido mão-de-obra excedente, permitindo, assim, que os patrões não sintam a falta de trabalhadores.

Embora não se possa desconsiderar os conflitos e resistências existentes na sociedade e a força dos trabalhadores para questionar e denunciar a opressão na organização do trabalho, as formas modernas dessa organização aparentemente beneficiam os trabalhadores, por meio da flexibilização dos horários, da implementação de sistemas de qualidade, do envolvimento dos funcionários em círculos de discussão e planejamento, bem como em atividades sociais de lazer e entretenimento.

Esses mesmos "benefícios", porém, muitas vezes apenas ajudam a ocultar o nível de exploração a que esses funcionários são submetidos. Uma pseudoparticipação coloca o trabalhador numa ingênua posição de colaborador ou até de "sócio operacional", como algumas empresas anunciam no mercado.

Na reorganização que o capital sofreu nas últimas décadas, que os autores denominam acumulação flexível, não se tem mais a fábrica com um supervisor único controlando rigidamente o horário e os movimentos do operário. Agora o que se tem são trabalhadores reunidos em equipes que supervisionam cada um o seu colega.

A acumulação flexível, como vou chamá-la, é marcada por um confronto direto com a rigidez do fordismo. Ela se apóia na flexibilidade dos processos de trabalho, dos mercados de trabalho, dos produtos e padrões de consumo.

> *Caracteriza-se pelo surgimento de setores de produção inteiramente novos, novas maneiras de fornecimento de serviços financeiros, novos mercados e, sobretudo, taxas altamente intensificadas de inovação comercial, tecnológica e organizacional. A acumulação flexível envolve rápidas mudanças dos padrões do desenvolvimento desigual, tanto entre setores como entre regiões geográficas, criando, por exemplo, um vasto movimento no emprego no chamado "setor de serviços" bem como conjuntos industriais totalmente novos.*[21]

Ingenuamente, pode-se acreditar que isso seria uma forma extremamente saudável de trabalho em grupo. No entanto, o que se percebe é que essa forma de organização conseguiu esfacelar ainda mais a capacidade de união dos operários em busca de objetivos comuns. Por tudo isso é que se acredita que atualmente passou-se da exploração física à exploração intelectual e afetiva do trabalhador.

Como explicam Castro e Deddeca:

> *A flexibilização surge também como um elemento necessário ao processo de reorganização das empresas, sequiosas por estabelecer novas regras de relação com seus empregados, que lhe são coibidas pela regulação social. Assim apresentada, a flexibilização aparece como justa – ao igualar direitos entre os diversos segmentos do mercado de trabalho; como legítima – ao ser convergente com a nova rationale que pautaria o comportamento dos atores; e como virtuosa – ao favorecer a reorganização da atividade econômica.*[22]

A relação trabalho–tempo–dinheiro torna-se a cada dia mais complexa, até porque, como alguns autores[23] indicam em suas obras, apresentando argumentos no sentido da modificação do trabalho como paradigma de explicação da sociedade na atualidade, estamos caminhando para uma sociedade do não-trabalho, visto que a riqueza pode ser produzida pela máquina, conquista da ciência.

Dentro do paradigma marxista, isso seria a concretização da positividade do capital: a liberação do homem. O que temos visto, porém, é que essa liberação, pela lógica do muito para poucos, se dará como sempre se deu: para alguns. Ou talvez esse momento também seja, contraditoriamente, uma oportunidade de avanço.

Os períodos de transição vêm sempre acompanhados de mudanças, que podem significar possibilidade de avanço. Daí a esperança e urgência de enxergar os sinais que possam converter o indivíduo em sujeito do processo, deixando de ser objeto.

Com o avanço da ciência, as relações de produção diversificaram-se muito e o capital conseguiu até hoje manter no seu interior desde as formas mais primitivas de produção e exploração, como a organização e reprodução simples, até as formas mais sofisticadas e elaboradas. Da grande indústria, com a organização taylorista-fordista, até a modernização toyotista, tem-se hoje uma gama enorme de maneiras de produção.

A sociedade capitalista ainda tem no trabalho o pilar sobre o qual se sustenta a vida humana. No entanto, essa mesma sociedade, que tem eliminado empregos por causa dos avanços tecnológicos e, ao mesmo tempo, aumentado a divisão social do trabalho, impõe a um número reduzido de trabalhadores uma requalificação permanente, o que acaba sendo usado como mais uma forma de exploração e, sobretudo, exclusão, já que o acompanhamento da tecnologia acaba sendo praticamente impossível.

Mais do que nunca, "o processo de trabalho e produção passou a estar subsumido aos movimentos do capital em todo o mundo"[24], provocando uma profunda reorganização das relações no mundo do trabalho e transformando a visão de homem, de mundo e de sociedade decorrente dessas relações.

1.4
O TRABALHO PEDAGÓGICO NO CONTEXTO CAPITALISTA

Coerente com o desenvolvimento da sociedade, a formação docente em nosso país acompanhou de maneira interessante o desenrolar das tramas do trabalho produtivo: passou dos mestres respeitados socialmente, formados além-mar pela mais fina educação européia, aos professores "sobrantes"[25]. Pode-se identificar a exploração a que estão cada vez mais submetidos os trabalhadores, em geral, e os educadores, especificamente. A partir dos anos 1990, os estudos sobre a formação docente passaram a demonstrar uma preocupação crescente com a formação inicial e continuada, entre outras questões que enfatizavam a necessidade da reflexão "na e para a prática"[26].

Assim sendo, a organização escolar também é, enquanto partícipe da sociedade, determinada pelas mudanças sociais e determinante delas. Os elementos fundantes da sociedade, ao modificarem-se, modificam, ao mesmo tempo, as suas estruturas, e a escola também sente essa mudança. Na Idade Média, a relação com o saber era completamente diferente da que vivenciamos hoje.

> Quem não se lembra do famoso livro *O nome da rosa* (2006), de Umberto Eco, que inspirou o filme de mesmo nome e cujo tema era a preservação, a todo custo, do saber, considerado propriedade do clero?

Fatos históricos como a Reforma promovida por Lutero (1483–1546) e as conquistas de novos mundos, terras e povos (séculos XV e XVI) transformaram a sociedade e a educação, levando ao Iluminismo (século XVIII). A par da revolução econômica e social, a revolução educacional trouxe novos paradigmas para o Velho Mundo.

Nesse contexto, "não fazia mais sentido atrelar a educação à religião, como nas escolas confessionais, nem aos interesses de uma classe, como queria a aristocracia"[27]. A educação que se almejava, ainda que no plano ideal, era uma escola leiga sob a tutela do Estado e um sistema de educação que fosse a "mola mestra do novo regime político e social".

Na nova organização social que surgia, explicitada anteriormente sob a ótica econômica, a escola estruturou-se, em muitas situações, dentro dos princípios medievais. Mas o conhecimento, que inicialmente era uma propriedade intelectual do clero e dos dirigentes, passou aos poucos a ser distribuído para a população.

Organizou-se a escola pública (princípio iluminista) e, com a divisão do trabalho produtivo, passou a haver a necessidade de profissionais que não apenas ministrassem aulas, como também supervisionassem e organizassem esse trabalho. Dessa forma, iniciou-se a trajetória dos pedagogos.

A sociedade atual é conhecida como a sociedade do conhecimento. Submetido, porém, às exigências do mercado, esse modelo social não favorece o desenvolvimento da ciência e a utilização das informações e descobertas para a melhoria de vida de todos os homens. Os benefícios da referida sociedade do conhecimento são restritos às elites com acesso aos avanços da ciência, às tecnologias de ponta, aos bens culturais e sociais, dentro da lógica privada.

A sociedade atual traz desafios para as instituições educacionais, tais como selecionar os conhecimentos necessários à vida social e cultural, dentro da grande quantidade de informações disponíveis. Segundo Chaui, "o conhecimento levou 1.750 anos para duplicar-se pela primeira vez, no início da era cristã; depois, passou a duplicar-se a cada 150 anos, depois a cada 50 anos e estima-se que, a partir de 2000, a cada quatro anos duplicará a quantidade de informação disponível no mundo."[28]

Portanto, na sociedade atual, a contribuição da escola na formação dos trabalhadores é fundamental, considerando que, embora haja uma grande quantidade de informações disponível nas tecnologias e meios de comunicação, é a minoria que tem acesso a esse suporte científico e cultural.

Os profissionais da educação não podem ficar indiferentes a essas exigências, nem tampouco desconhecer as relações que existem entre a escola e as demais organizações sociais, pois ignorar esse entrelaçamento impossibilita um trabalho em prol de mudanças urgentes e necessárias nessa área.

Não designando à escola uma "função redentora", ela será o espaço privilegiado no qual muitas pessoas terão acesso à chamada sociedade do conhecimento, ou seja, terão acesso ao saber sistematizado produzido pela humanidade, aos avanços científicos, ao domínio das novas tecnologias e a possibilidade de, apropriados esses conhecimentos, intervir e mudar a realidade social. Com base nessa perspectiva é que se abordará no capítulo seguinte a trajetória do orientador e do supervisor escolar.

Síntese

Neste capítulo, vimos resumidamente que a sociedade estruturou-se, a partir da modernidade, pelo paradigma do trabalho, e que a organização e a constituição dos indivíduos se dão mediadas pelas relações sociais.

É preciso esclarecer que o trabalho, em sentido ontológico, é definidor do gênero humano, mas, sob a forma capitalista de organização social, é sempre contraditório, podendo ser humanizador ou desumanizador, podendo representar possibilidades ou impor limites ao ser humano.

Esses conceitos são fundamentais para o entendimento da constituição dos profissionais da educação: pedagogo e professor. Como já dissemos anteriormente, todo profissional é constituído nessa sociedade, o que pressupõe que os professores e pedagogos são determinados pelo contexto social mais amplo e também determinadores dele.

Indicações culturais

Estes dois filmes excelentes nos mostram momentos distintos na organização social:

O Nome da rosa. Direção: Jean-Jacques Annaud. Produtora: Cristaldifilm. Alemanha: Warner Bros, 1986. 130 min.

Apresenta o modo de vida na época em que o conhecimento era privilégio da Igreja Católica.

Tempos modernos. Direção: Charles Chaplin. Produtora: Charles Chaplin Productions. Estados Unidos: United Artists, 1936. 87 min.

O inesquecível Carlitos mostra a organização do mundo do trabalho no início da industrialização.

Atividades de auto-avaliação

1) Assinale V para as afirmativas verdadeiras e F para as falsas e marque a alternativa correspondente.

   (   ) O trabalho pode ser compreendido como princípio de transmissão do conhecimento, o que implica a sua condição humana, social e histórica, mas pode também ser tomado, na sociedade capitalista, como atividade humana produtiva, ou seja, como um meio de sobrevivência, determinando a norma de vida e a forma de relacionamento entre as pessoas.

   (   ) Afirmar que o homem nasce pronto, mas não acabado significa afirmar que, ao nascer, ele traz consigo as condições necessárias para garantir sua vida na Terra, mas será por meio da aprendizagem que se apropriará das condições materiais, transformando-as ou adequando-as à sua sobrevivência, em articulação com o grupo em que está inserido.

( ) As ações humanas determinam e são determinadas pelas condições concretas em que a humanidade vive, visto que o homem faz a história, mas não a faz simplesmente da forma como deseja individualmente.

a) V – F – F
b) F – V – V
c) F – V – F
d) V – V – V
e) V – F - V

2) Leia a afirmativa abaixo e assinale a alternativa correta.

Segundo Frigotto e Ciavatta (2005):

a relação entre educação básica e mundo da produção, na perspectiva aqui sustentada, não é imediata, mas mediata. A luta é assegurar o direito à infância e à adolescência não vinculadas ao ideário interesseiro do mercado de trabalho. Aqui, sem dúvida, cabe uma crítica – sem tréguas – ao projeto pedagógico dominante, que veicula a educação básica ao mercado de trabalho e à pedagogia do capital, pedagogia das competências e da empregabilidade.

a) A afirmativa não é coerente com o capítulo, visto que aborda as relações no mundo do trabalho, sem vinculá-las com a organização da escola.

b) A afirmativa esclarece e reafirma as idéias abordadas no capítulo, logo pode ser considerada elucidativa do texto.

c) A afirmativa não é pertinente às idéias do capítulo, pois a relação entre educação básica e mundo da produção é imediata, não sendo relevante a contextualização histórica nessa discussão.

d) A afirmativa contraria as idéias desenvolvidas no capítulo, visto que não existe nenhuma vinculação entre trabalho e educação.

3) Indique as afirmações verdadeiras.

I) Pode-se afirmar que as modernas formas de organização do trabalho beneficiam os trabalhadores em sua totalidade.

II) A organização do trabalho na atualidade tem articulado formas mais simples e mais sofisticadas de produção.

III) O trabalho é o pilar sobre o qual se sustenta a vida humana na sociedade capitalista.

IV) A intensificação da divisão social do trabalho impõe ao número reduzido de trabalhadores uma requalificação permanente, o que não significa mais uma forma de exploração e, sobretudo, de exclusão.

V) A escola, coerente com o desenvolvimento da sociedade, também incorporou as concepções sociais.

São verdadeiras as alternativas:
a) I, II, III
b) I, II, III, IV
c) II, III, IV, V
d) II, III, IV
e) Todas são verdadeiras.

4) Assinale V para as afirmativas verdadeiras e F para as falsas e marque a alternativa correspondente.

( ) A tarefa do professor, mais do que exigir formação técnica, aperfeiçoamento e domínio de conhecimento científico, é um ato humano vocacional, baseado nos princípios da boa vontade e da dedicação pessoal.

( ) Pode-se afirmar que o ato de ensinar e aprender é trabalho, visto que ensinar é uma relação que se constrói dialeticamente com o aprender e que se faz do homem para o homem, do homem para com a natureza e do homem para consigo mesmo.

( ) Com base na compreensão de que as relações de trabalho mudaram nas últimas décadas, é necessário que os professores aceitem que a única alternativa é moldar o processo pedagógico às exigências do mercado e formar seus alunos como cidadãos consumidores.

a) V – F – F
b) F – V – V
c) F – V – F
d) V – V – V
e) V – F - V

5) Marque a alternativa incorreta.
   a) Aponta-se para uma explosão do conhecimento. Segundo estimativas, a partir de 2000, a quantidade de informação disponível no mundo duplicará a cada quatro anos. (CHAUI, 2003)
   b) A fim de realizar a humanização da sociedade atual, a contribuição da escola é fundamental na formação dos trabalhadores.
   c) Os profissionais da educação podem ficar indiferentes às novas exigências, desconsiderando as relações sociais.
   d) O conhecimento é um dos elementos fundamentais do trabalho escolar.

Atividades de aprendizagem

Questões para reflexão

1) Identifique nos filmes sugeridos nas indicações culturais as mudanças sociais mais marcantes e procure identificar nos dias atuais essas mudanças.
2) Produza um texto reflexivo relatando a sua percepção a respeito das mudanças sociais do mundo do trabalho. Explore as idéias de

como você percebe essas transformações na sua comunidade e na sua história particular.

ATIVIDADE APLICADA: PRÁTICA

Faça um levantamento em sua família, em seu local de trabalho ou em sua comunidade de como as pessoas têm construído sua trajetória profissional, identificando as relações de emprego que se apresentam e, se possível, verifique como essas relações têm se modificado com o passar do tempo.

A TRAJETÓRIA DOS
PROFISSIONAIS DA EDUCAÇÃO

DOIS

Neste capítulo, vamos historicizar um pouco a profissão do pedagogo, sempre em articulação com a formação do professor, visto que, apesar de a função de pedagogo ter sido oficialmente criada por uma lei (Decreto-Lei nº 1.190/1939) para atender à demanda governamental por especialistas educacionais, ela sempre esteve impregnada da função maior de educar.

Vamos analisar o nascimento do curso de Pedagogia no bojo de uma perspectiva tecnicista, com suas habilitações específicas, que dicotomizam as relações educacionais, bem ao gosto de uma sociedade industrial, que dicotomiza as relações humanas e distingue o trabalho intelectual do manual, separando os que pensam e os que fazem.

No primeiro capítulo, citamos brevemente essa oposição no âmbito da organização social. Agora, vamos tentar apreender como isso se manifesta especificamente na formação do pedagogo, lembrando que a construção das profissões é mediatizada pela sociedade.

Historicamente, a função docente não era especializada, sendo exercida por religiosos ou leigos das mais diversas profissões, especialmente os que sabiam ler ou tinham uma profissão que exigia o conhecimento da escrita.

Nos séculos XVII e XVIII, várias congregações religiosas, entre elas a dos jesuítas, passaram a assumir a função docente com fins de catequese, criando manuais, disciplinando e indicando no que se constituía essa função. Os manuais elaborados continham duas vertentes fundamentais: um corpo de SABERES e TÉCNICAS, entendidos como um saber pedagógico, e um conjunto de NORMAS e VALORES, posteriormente incorporados pelo Estado e pelas instituições escolares.

No final do século XVII, foi consolidada no Brasil a profissão do professor, cuja habilitação era realizada por meio de exames, os quais tinham como requisitos: habilidades, idade, comportamento moral, virtudes. Nesse período, começaram a surgir cursos específicos para a formação desses profissionais, especialmente o NORMAL. A profissão docente passou a ser reconhecida como socialmente relevante, constituindo-se o professor em um representante do Estado.

No Brasil, os cursos de formação foram criados a partir dos anos 1850, sendo instituídos cursos normais nas diferentes províncias. Desde a criação da escola, a função docente era controlada pelos inspetores de ensino, representantes governamentais encarregados de fiscalizar os procedimentos administrativos e pedagógicos.

Na década de 1920, esses cursos sofreram uma profunda reformulação, mas sua regulamentação nacional só se deu em 1946, com a Lei Orgânica do Ensino Normal, substituída em 1961 pela Lei de Diretrizes e Bases da Educação Nacional. Posteriormente, o currículo sofreu alterações, com as leis nº 5.540/68 e nº 5.692/71. Com essas medidas, a formação pedagógica tornou-se mais frágil, visto que se acentuou a divisão entre os que pensam e os que fazem a educação, iniciando-se um processo de formação de professores em que a desarticulação entre a teoria e a prática começou a ficar mais evidente.

O professor foi marcado historicamente pelo paradigma do *magister*, caracterizando-se como um profissional missionário, vocacionado, detentor do saber e da autoridade. Sua função compreendia a formação moral, social, espiritual, além de transmissão e produção de saber.

Embora não tenha desaparecido de todo, esse paradigma sofreu uma transformação radical com a concepção escolanovista, em que, de condutor absoluto do processo de ensino, o professor passou a ser orientador do processo de aprendizagem, e o aluno, considerado sujeito da aprendizagem. Foi durante essa transformação que ocorreu a valorização dos aspectos interpsicológicos no processo de ensino–aprendizagem.

Esses aspectos acentuaram-se nas séries iniciais, em que houve a perda da especificidade da função de ensinar do professor, ocorrendo o aumento da relação afetiva, confundida com a relação familiar. Isso se evidencia na mudança de tratamento de *professora* para *tia*, que ainda conserva resquícios nas relações docentes e discentes atuais.

Em 4 de abril de 1939, o Decreto-Lei nº 1.190 instituiu o curso de Pedagogia, que tinha como objetivo formar bacharéis e licenciados. Segundo Silva:

> *o curso de Pedagogia foi previsto como o único curso da "seção" de Pedagogia que, ao lado de três outras – a de Filosofia, a de Ciências e a de Letras – com*

seus respectivos cursos, compuseram as "seções" fundamentais da Faculdade. Como "seção" especial foi instituída a de Didática, composta apenas pelo curso de Didática. Foram fixados os currículos plenos e também a duração para todos os cursos. Para a formação dos bacharéis ficou determinada a duração de três anos, após os quais, adicionando-se um ano de curso de Didática formar-se-iam os licenciados, num esquema que passou a ser conhecido como "3+1".[1]

Segundo o mesmo Decreto-Lei, o curso formaria bacharéis sem apresentar elementos que auxiliassem na sua caracterização. O art. 1º, alínea *a*, apontou como seu campo de trabalho o "exercício das altas atividades culturais de ordem desinteressada ou técnica", que, de acordo com o art. 51, alínea *c*, passou a ser, a partir de 1° de janeiro de 1943, exigência para o preenchimento dos cargos de técnicos de educação do Ministério da Educação. Apesar disso, o profissional de pedagogia não possuía funções definidas, visto que o campo profissional disponível ainda era majoritariamente o do ensino.

Uma das questões preocupantes para os estudiosos da época era a separação e a distinção entre o bacharelado e a licenciatura. O bacharelado pretendia formar o técnico em educação e a licenciatura ficava responsável pela formação do professor. Essa distinção aponta a concepção vigente na época, que entendia o processo pedagógico como um processo dicotômico, separado entre conteúdo e método. Além disso, o licenciado não tinha seu campo de atuação delimitado, pois não havia o curso normal como área exclusiva de ação, mas chegou a ter o direito de lecionar filosofia, história e matemática, conforme a Lei Orgânica do Ensino Normal – Decreto-Lei n° 8530/46.

O Parecer nº 251, de 1962, não identificou o profissional a que se referia, pois tratou o assunto de forma geral, apontando o curso como formador do técnico em educação. Outro problema do parecer foi não ter feito nenhuma referência com relação ao campo de trabalho desse profissional. Fixou-se um currículo mínimo sem se vislumbrar um campo de trabalho que o demandasse.

O Parecer n° 252*, de 1969, mudou o panorama dos cursos de formação dos educadores, posto que criou as habilitações e fragmentou a formação do pedagogo. Organizou, para isso, uma *base comum e uma parte diversificada* – foi nessa parte diversificada que se criaram as habilitações.

Mesmo tendo diferentes habilitações, o curso de Pedagogia emitia um diploma com título único de licenciado para todos os estudantes; os diplomados seriam ainda, a princípio, professores do ensino normal, com exceção daqueles que tivessem optado pelo curso em curta duração. Aos alunos de graduação plena, seria garantido o direito de lecionar as disciplinas correspondentes tanto à parte comum do curso normal quanto às suas habilitações específicas.

Na Resolução nº 2, de 11 de abril de 1969, do Conselho de Educação, com relação à docência do magistério primário, a análise feita nos documentos legais é que não haveria nenhum problema, porque "quem pode o mais pode o menos": quem prepara o professor primário também pode ser professor primário.

Aqui, visualiza-se a formação do técnico em educação, ou seja, do supervisor escolar e do orientador educacional, dentro da perspectiva de separação total entre os profissionais que pensam a educação, ou seja, os técnicos, e os profissionais que fazem a educação, ou seja, os professores.

Foi assim que, ao final dos anos 1960 e início dos anos 1970, ampliada a divisão do trabalho no interior da escola, quase ocorreu a perda da especificidade da profissão, pois o professor passou a ser um executor e aplicador dos instrumentais da aprendizagem. Nessa época, o supervisor escolar e o orientador educacional apareciam como os

---

* Esse parecer, assim como o anterior, foi de autoria do Conselheiro Valnir Chagas, tendo sido incorporado à Resolução CFE n. 2/69 que fixou os mínimos de conteúdo e duração a ser observados na organização do curso de Pedagogia. Tais peças legais nortearam a organização do Curso de Pedagogia até recentemente e só foram descartadas por ocasião da aprovação da nova LDB – Lei Fed. nº 9394/96 (Silva, 1999, p. 45).

gerentes responsáveis pelo processo educativo, cada um, é claro, dentro da sua especificidade.

As orientações para o curso de Pedagogia contemplavam o perfil do profissional da educação, as competências e áreas de atuação, os eixos norteadores da Base Comum Nacional, os princípios e componentes para a organização curricular e, por fim, a duração dos cursos.[2]

Percebe-se, pelo que aqui foi visto, que os especialistas surgiram articulados às mudanças industriais do país. Foi no contexto de industrialização nacional que surgiram o supervisor escolar e o orientador educacional, cada qual com a sua função específica.[3]

2.1
A SUPERVISÃO ESCOLAR E A ORIENTAÇÃO EDUCACIONAL

Inicialmente, a supervisão apareceu como uma força disciplinadora "dentro de uma linha de inspecionar, reprimir, checar e monitorar". Essas funções foram paulatinamente se modificando, passando por controle comportamental e busca da liderança no processo educativo até a superação da simples tarefa de fiscalização para, então, se tornar supervisão escolar.

Nérici explicita as fases da supervisão escolar:

1. Fiscalizadora – Nessa fase, a supervisão confunde-se com a inspeção escolar, visto que sua atuação estava mais preocupada com cumprimento de prazos e leis.
2. Construtiva – O autor usa uma expressão interessante para essa fase: "supervisão orientadora", que dá a idéia de preocupação com o trabalho de orientação dos professores, corrigindo as falhas que pudessem apresentar e orientando-os sobre os procedimentos considerados mais adequados.

3. Criativa – É a fase "atual" (não esqueça: 1973!), em que a supervisão se separou definitivamente da inspeção escolar, caminhando na direção do aperfeiçoamento das pessoas envolvidas no processo de ensino–aprendizagem.[4]

De 1973 para cá, muita coisa mudou. A articulação do trabalho pedagógico alterou-se a partir das lutas sociais pela democratização do país, posto que, após o fim do regime militar, nos anos 1980, as discussões acadêmicas, em todas as esferas sociais, clamaram por essa postura. Não há como dissociar o grito abafado por liberdade das mudanças que permearam a sociedade brasileira nesse momento histórico.

A supervisão escolar, juntamente com as outras habilitações e funções na escola, passou da postura técnica especializada ao compromisso político, atingindo o que se poderia chamar de MATURIDADE. Passou também a buscar um conteúdo articulado ao processo, superando inclusive o conteudismo, que, apesar de apregoar e defender o acesso ao conhecimento para toda a população, acabou se mostrando estéril, por não compreender no seu interior a importância do envolvimento dos seres aprendente e ensinante.

Com a orientação educacional, não foi diferente. Essa função surgiu da necessidade de especialização do trabalho docente e da organização do trabalho escolar, muito aos moldes da especialização apregoada no mundo do trabalho. Com o aparecimento da idéia de orientação vocacional, corroborou-se dentro da instituição escolar a visão tecnicista de encontrar o homem certo para o lugar certo. Sua linha mestra, o "aconselhamento", visava direcionar as crianças e jovens ao mundo do trabalho de maneira adequada e "conformada".

Interessante notar que esses especialistas surgiram na escola por força da lei que pretendia claramente organizar o trabalho escolar dentro dos preceitos liberais de adequação e conformação social. No dizer de Assis:

> *Na faculdade de Pedagogia, Habilitação Orientação Educacional, estudamos muita Psicologia, Sociologia, História e Filosofia da Educação. Na parte profissionalizante estudamos Entrevista e Aconselhamento, Dinâmica de Grupo, Técnicas de Trabalho Individual e de Grupo e ainda Orientação Vocacional. Na escola fizemos atendimentos individuais, sessões de orientação, estudos de caso, entrevistas com pais e tudo mais que aqueles saberes nos possibilitavam. Só que todo este trabalho era marginal, pois era como se fôssemos uma "oficina" para fazer reparos, pequenos ou grandes, conforme o caso. O que quero dizer é que a Orientação educacional não fazia parte de uma proposta pedagógica que, aliás, na maioria das vezes, a escola não tinha [...].*[11]

A formação dada ao orientador educacional atendia ao proposto pela legislação referente à formação do pedagogo (Decreto-Lei nº 1.190/1939). Isso acarretava nas escolas um trabalho que a autora chama de "marginal", não só porque não estava integrado ao projeto, cuja existência ela questiona, mas também porque não dava conta de todas as relações e de todos os problemas vivenciados no espaço escolar.

Ainda nesse texto, a autora comenta que, com o início das discussões e críticas a esse modelo de trabalho escolar, esses profissionais reagiram de maneira diversa. Alguns abandonaram o que faziam, às vezes sem uma compreensão mais profunda do que se passava, e outros, ao contrário, permaneceram com as mesmas práticas, como se nada tivesse acontecido; alguns perderam completamente suas referências e outros partiram em busca de um trabalho articulado, politicamente engajado e teoricamente sustentado[6].

Juntamente com toda a movimentação social de abertura política pós-regime militar, iniciou-se um movimento de questionamento da função da escola. A clareza de que essa função era principalmente ensinar complementou-se com a noção de que a educação não era apenas um repasse de informações. A escola passou a apresentar, então, uma situação interessante. Ao mesmo tempo em que tentava cumprir sua função educativa, ela se perdia em ações comemorativas, assistenciais (campanhas de saúde bucal, por exemplo), trazendo mais uma vez o vazio pedagógico e político para dentro do espaço escolar. O conhecimento como eixo do planejamento e da prática pedagógica ocupava um lugar secundário.

Mais uma vez, todos esses dados permitem ver o espaço, sempre contraditório, das relações escolares espelhar o terreno contraditório da sociedade. As lutas travadas na sociedade, e as lutas internas nas escolas, fizeram com que a alternância no poder de diferentes grupos, em diferentes estados brasileiros, delineasse uma trajetória bastante peculiar para os pedagogos.

Da especialização técnica, definida pelo Decreto-Lei n° 1.190/1939, passaram para a generalização, em meados dos anos 1960, correndo mais uma vez o risco de perda de identidade, bem ao gosto de um Estado burocrático que buscava esvaziar a qualidade da escola. A partir do final dos anos 1970 e início dos anos 1980, iniciou-se um movimento de revitalização das discussões sobre o papel da escola e de seus profissionais, indicando a necessidade de formação de um pedagogo que refletisse a unidade do trabalho pedagógico vivenciado na escola.

No movimento histórico por que passaram os especialistas da educação, desde a formação e função fragmentada até a definição de papéis específicos e a formação generalista (talvez uma tentativa de esvaziamento histórico, político e teórico), chegou-se a um trabalho articulado e à formação do pedagogo unitário.

Esse pedagogo unitário é a síntese proposta ou sonhada de um profissional que tenha uma sólida formação teórica, um compromisso político e uma clareza das questões sociais emergenciais que se põem diante da escola. É um profissional que, aliado ao professor, enfrenta alguns desafios que a realidade impõe.

Com fundamento em alguns autores[7], pode-se dizer que, basicamente, os pedagogos enfrentam os seguintes desafios:

- Assumir o processo de ensino enquanto mediação pedagógica, compreendida em seus aspectos de articulação entre teoria e prática, não numa visão simplista, mas no entendimento de que a aprendizagem precisa ser ativa (mas não tão-somente física).
- Superar o discurso pedagógico do falar sobre determinado conhecimento ou de determinado comportamento para entender sob que determinantes cada situação escolar se organiza e se expressa.
- Conhecer e utilizar estratégias do ensinar a pensar, não no sentido da expropriação do trabalhador[8], mas no de formação humana, em que os indivíduos possam aproveitar as possibilidades de desenvolvimento e de aprendizagem.
- Buscar uma perspectiva crítica dos conteúdos, no entendimento de que são construções históricas.
- Entender e fazer um trabalho numa perspectiva de interação humana, em busca da construção de um projeto pedagógico realmente coletivo, em que todos os envolvidos se considerem partícipes dessa construção.
- Investir permanentemente na atualização científica, pedagógica e cultural, ou seja, ter clareza da necessidade de estar sempre em formação.
- Incluir a perspectiva afetiva no exercício profissional.
- Considerar a ética na sua atuação.
- Estar atento às possibilidades das novas tecnologias da comunicação e da informação, refletindo sobre seu emprego para a melhoria do seu trabalho.

Esses são alguns dentre os muitos desafios que os pedagogos têm enfrentado nas instituições escolares. Cada realidade, com certeza, apresenta outros, diante dos quais esses profissionais terão de atuar, tomando decisões e planejando ações eficazes.

Síntese

Neste capítulo, vimos que a função docente, em seus primórdios, não era uma função especializada e podia, portanto, ser exercida por qualquer pessoa ou profissional. A partir do momento em que a escola se estruturou de maneira mais complexa, iniciou-se a demanda por um profissional organizador do processo educativo.

É importante destacar que, por mais que a figura do pedagogo tenha surgido pela determinação de um decreto, foi a realidade que criou a demanda por esse profissional. Daí nossa ênfase na necessidade de articulação permanente com a realidade. Como afirmamos no primeiro capítulo, a realidade vai sendo transformada pela ação humana e essa transformação aparece também nas diversas atividades profissionais.

Um médico hoje enfrenta desafios muito diferentes dos que enfrentava há dez ou quinze anos. O pedagogo também! Essa é uma das razões por que a consciência da realidade é essencial para o entendimento das determinações de nossa sociedade.

Indicação cultural

The Wall. Direção: Alan Parker. Produtora: Goldcrest Films International. Inglaterra: Vídeo Arte, 1982. 95 min.

Filme da banda Pink Floyd que traz uma discussão sobre um professor assolado por sua vida e por seu superior (que poderia até ser um pedagogo) e que repete em sala de aula essa opressão. Vale a pena assistir pelo menos às cenas referentes à escola e ouvir a canção *Another brick in the wall*.

Atividades de auto-avaliação

1) Assinale V para as afirmativas verdadeiras e F para as falsas e marque a alternativa correspondente.

( ) O segundo capítulo aborda a historicização da profissão do pedagogo sem desvinculá-la da formação do professor, visto que, no Brasil, essas duas perspectivas sempre estiveram imbricadas.

( ) O paradigma que compreendia a formação moral, social e espiritual do professor era o emergente.

( ) Na concepção escolanovista, o foco pedagógico se transferiu do ensinar para o aprender, com caráter psicologizante, em que a especificidade do processo educativo se confundia com as relações afetivas entre docente e discente.

a) V – F – V
b) F – V – V
c) F – V – F
d) V – V – V
e) V – F – F

2) Assinale V para as afirmativas verdadeiras e F para as falsas e marque a alternativa correspondente.

( ) As funções supervisor escolar e orientador educacional são características do tecnicismo, que ampliou a divisão do trabalho no interior da escola.

( ) A concepção do tecnicismo pressupunha que o professor não sofria as conseqüências da organização fragmentada do trabalho pedagógico e ampliou suas possibilidades de autonomia na ação docente.

( ) A perspectiva do pedagogo unitário anunciou um novo horizonte na organização do trabalho pedagógico, ao tornar os princípios da formação científica, do compromisso político e da clareza na análise e compreensão das questões sociais pressupostos para o exercício profissional.

a) V – F – F
b) F – V – V
c) F – V – F
d) V – V – V
e) V – F – V

3) Leia as críticas que se seguem sobre a divisão técnica do trabalho de pedagogo e suas diferentes habilitações e funções dentro da escola e, depois, assinale a alternativa correta.

I) Os especialistas surgiram na escola por força de uma lei que pretendia organizar o trabalho escolar dentro dos preceitos liberais de adequação e conformação social.

II) Os profissionais em questão desenvolviam um trabalho desarticulado com o projeto da escola.

III) A ênfase à idéia da orientação vocacional era um dos eixos do trabalho do orientador educacional, corroborando para a visão tecnicista do "homem certo para o lugar certo".

IV) A divisão do trabalho pedagógico proposta nesse período histórico tinha relação também com as mudanças industriais no país.

a) Apenas a alternativa I está de acordo com as idéias abordadas no capítulo 2.
b) A alternativa IV é incorreta, pois o processo de industrialização no país não interferiu na organização da escola.
c) Todas as alternativas estão corretas, pois são críticas pertinentes ao conteúdo abordado no capítulo 2.
d) Todas as alternativas estão incorretas, considerando que a divisão técnica do trabalho do pedagogo em supervisor e orientador trouxe vantagens para a construção de um trabalho articulado, politicamente engajado e teoricamente sustentado.

4) Marque a alternativa correta.
   a) Mesmo tendo diferentes habilitações, o curso de Pedagogia emitia um diploma com título único de licenciado para todos os estudantes.
   b) Os diplomados não podiam ser professores do ensino normal, com exceção daqueles que tinham optado pelo curso de curta duração.
   c) Aos alunos de graduação plena não era garantido o direito de lecionar no curso normal as disciplinas correspondentes tanto à parte comum do curso quanto às suas habilitações específicas.
   d) O profissional formado na graduação plena não podia atuar no Ensino Fundamental.

5) Assinale a alternativa coerente com a seguinte afirmação.
   Do ponto de vista legal, não havia qualquer dúvida com relação à docência do magistério primário, porque "quem pode o mais pode o menos": quem prepara o professor primário também pode ser professor primário.
   a) Essa afirmação aponta para um consenso sobre as atribuições do pedagogo.
   b) Nessa afirmação, aparecem posições que, embora aparentemente em concordância, não apontavam para um consenso nas propostas de formação.
   c) Essa afirmação esclarece que o pedagogo não poderia ser professor.
   d) Todas as alternativas estão corretas.

Atividades de aprendizagem

Questões para reflexão

1) Aprofunde a questão sobre a formação do professor com base na leitura do seguinte texto:

   KUENZER, Acacia Zeneida. As políticas de formação: a constituição da identidade do professor sobrante. **Educação e Sociedade**, Campinas, v. 20, n. 68, 1999. Disponível em: <http://www.scielo.br/scielo.php?script=sci_arttext&pid=S0101-73301999000300009&lng=pt&nrm=iso>. Acesso em: 28 nov. 2007.

2) Escreva um texto reflexivo sobre os desafios atuais que o pedagogo enfrenta, abordando as fases da supervisão escolar: fiscalizadora, construtiva e criativa.

Atividade aplicada: prática

Articule as idéias que apresentou no texto reflexivo à sua trajetória histórica de formação e à sua atuação profissional, identificando os desafios que enfrenta na sua realidade.

A BUSCA DA UNIDADE: PEDAGOGO

TRÊS

A partir deste momento, discutiremos o movimento pelo qual a formação do pedagogo tem passado mais recentemente.

Hoje, tem-se buscado uma unidade para a função do pedagogo, antes um profissional fragmentado que atuava isoladamente, ou como orientador ou como supervisor, e habilitado apenas para atuar em pequenos espaços.

Essa busca por uma unidade, necessária para se realizar mudanças no sistema educacional, tem como maior objetivo a superação da fragmentação entre o fazer e o pensar, ainda que esteja claro que, sob o modo capitalista de organização da sociedade, isso é praticamente inviável.

Segundo a visão de vários autores[1], a pedagogia fragmentada, ou seja, a pedagogia que forma o orientador educacional e o supervisor escolar de maneira isolada e não faz a articulação entre teoria e prática, não dá conta das mudanças fundamentais para uma proposta inovadora da gestão escolar.

Uma proposta pedagógica inovadora não pode perder de vista as metas a atingir. Isso significa ter clareza dos compromissos que envolvem a educação nas estruturas organizacionais políticas, econômicas, religiosas e filosóficas. A gestão pedagógica que não tem consciência de seu papel no processo de mudança repete cegamente as práticas já existentes, sem o questionamento sobre a realidade social em que a escola se insere.

A gestão pedagógica inovadora tem um compromisso com as mudanças sociais. Para realizá-las, é preciso passar pelo conhecimento e pela crítica ao poder do capital e às suas estratégias hegemônicas. Portanto, a pedagogia não pode desconhecer a realidade. Saber as intenções do capital para com o trabalho e as suas estratégias de poder é elemento imprescindível para uma autoconstrução profissional, assim como a interferência assertiva nas questões pedagógicas. Isso significa dizer que, para fazer pedagogia, é necessária uma vivência crítica, comprometida e consciente da dominação e da expropriação do capital sobre o trabalho.

O trabalho pedagógico, sem a consciência política que ele encerra, estará a serviço da valorização do capital, como ocorria com a orientação educacional, que, como já vimos, tinha como uma de suas atribuições a sondagem de aptidão, para encontrar o homem certo para o lugar certo. O objetivo dessa prática era preparar o indivíduo tecnicamente para atender às demandas do mercado de trabalho capitalista e, conseqüentemente, reforçar a valorização do capital sobre o trabalho.

Como já se constatou, desde o final da década de 1970 e início da década de 1980, a pedagogia vem se tornando mais crítica com relação à sua função modificadora. Os anos 1980 e 1990 trouxeram à tona as discussões acerca da cientificidade da profissão, fazendo com que os conceitos até então aceitos no meio acadêmico passassem a ser questionados, resolvendo-se, até certo ponto, algumas das questões pendentes, como a fragmentação da profissão, que separava orientadores de supervisores, e seu campo de atuação, até então restrito às escolas.

As modificações no mundo do trabalho acarretaram mudanças no mundo do trabalho pedagógico, alterando fundamentalmente a organização escolar.[2] Pode-se ver abaixo alguns exemplos disso.

Quando ocorreu a passagem do modelo taylorista-fordista de organização da produção seriada, em que a máxima era o homem certo para o lugar certo, para o modelo toyotista, de produção em células, que exigia maior flexibilidade dos profissionais, houve uma modificação dos papéis de cada especialista na organização escolar.

Quando a ditadura acabou no Brasil, passou-se a ter eleição para diretor nas escolas. Quando se adotou nas indústrias o modelo toyotista de produção, passou-se, nas escolas, do especialista em supervisão e orientação para o pedagogo. Não que essas mudanças não signifiquem avanços, mas é preciso observar que, em alguns casos, modificações não significam alterações nas estruturas de poder e de controle dos meios de produção.

Na organização escolar atual, o pedagogo passou a ser o organizador do processo educativo, superando a dicotomização entre atender crianças (orientador educacional) ou atender professores (supervisor escolar). É ele quem, de maneira bem flexível, vai dando conta desse processo, articulando as relações humanas dentro da escola.

3.1
A CIÊNCIA DA EDUCAÇÃO

Os estudos acadêmicos buscam hoje a cientificidade do curso de Pedagogia. Compreender a cientificidade da Pedagogia pressupõe entender que, epistemologicamente, ela:

> *é uma ciência da prática educativa, uma reflexão sistemática sobre a educação, desenvolvida por meio de formalização de teorias sobre aquelas práticas, por meio da crítica que tenha por base o exame das lógicas subjacentes aos enunciados presentes nas teorias, procurando estabelecer um corpus de enunciados corretos.*[3]

Essa busca resulta basicamente da discussão sobre a cientificidade ou não das pesquisas na área da educação. A esse respeito, em Pimenta encontra-se que:

> *uma dificuldade fundamental que se coloca na construção da Ciência da Educação, como, aliás, nas Ciências Humanas em geral, é que sujeito e objeto se imbricam e se constituem mutuamente. A educação (objeto de conhecimento) constitui e é constituída pelo homem (sujeito de conhecimento); é um objeto que se modifica parcialmente quando se tenta conhecer, do mesmo modo que na medida em que é conhecida, induz alterações naquele que a conhece. Pela investigação o homem transforma a educação, que por sua vez, transforma o homem (e o processo de investigação). A educação é dinâmica, é prática social histórica, que se transforma pela ação dos homens em relação com a Natureza, com os outros Homens e com seu próprio Ego.*[4]

Em educação, a pesquisa é constante e quase obrigatória, ainda que não seja academicamente sistematizada. O professor, em sua prática cotidiana, investiga por que seu aluno não aprende matemática ou biologia, por que apresenta este ou aquele comportamento, enfim investiga o que acontece em sua sala de aula.

A sala de aula é o espaço onde se manifesta e se apresenta uma síntese das múltiplas relações sociais vividas em outros espaços pelo professor e pelos alunos. É no conjunto dessas relações sociais que a educação se estabelece como dinâmica.

A educação, por estar na categoria de trabalho humano, é uma ação social em constante mudança. O homem, enquanto ser pensante, modifica suas relações sociais a cada momento de sua história, isso porque, como já foi dito, a cada momento os indivíduos se deparam com outros seres pensantes, ou com os fenômenos da natureza, o que os leva a refletir e a criar novas leis, novos princípios éticos, morais, econômicos e políticos.

Nessa visão, a pedagogia se fundamenta como um ato dinâmico. Ela se destina a construir o pensamento, a construir a adultidade do indivíduo, ou seja, a levar o educando a pensar em soluções para seus conflitos, que são sempre internos, mas também sociais e, portanto, históricos.

A pedagogia atualmente hegemônica na escola é repetitiva, porque se consolida na formação de indivíduos para os modelos sociais existentes. Ainda que existam propostas alternativas e/ou diferenciadas, o que se observa como modelo dominante é a repetição. Ou seja, alteram-se os meios, mas o objetivo permanece.

Um dos exemplos mais claros disso é o ensino que leva os alunos a memorizar conteúdos sem nenhuma articulação com a realidade, operando uma separação radical entre teoria e prática. A escola, de maneira geral, não tem desenvolvido nos alunos a capacidade de pensamento complexo e de compreensão dos fenômenos, nem tampouco buscado soluções para questões como as dificuldades de aprendizado, a violência, o desinteresse etc. A ação pedagógica escolar nesse sentido é alienante e anacrônica, porque não reflete a realidade do sistema em que está inserida.

Para enfrentar os dilemas éticos, sociais e históricos que se apresentam na atualidade, como a violência generalizada na sociedade, para citar apenas um exemplo, a pedagogia, sendo uma ciência da prática educativa, precisa promover a discussão, a reflexão sobre os fenômenos do cotidiano para que o educando possa ter instrumentos de compreensão e de soluções.

A pedagogia inovadora se fundamenta nos conflitos da relação entre capital e trabalho. Ao discutir esses conflitos, o pedagogo busca soluções na práxis educativa. Essa ação, que basicamente considera a sociedade de maneira mais ampla, perpassa também pela garantia dos conteúdos escolares. Isso quer dizer que levar em consideração as determinações sociais não significa abrir mão do trabalho sério que deve ser feito com os conteúdos escolares.

O pedagogo não pode mais ser aquele elemento da escola que tem como única perspectiva promover a adaptação dos indivíduos, pois, ao permanecer nessa prática, simplesmente continua a valorizar o poder das estruturas dominantes e, conseqüentemente, a dominação do capital e a submissão do trabalho.

A escola ainda não se conscientizou de que ensinar e aprender é um processo humano, portanto é trabalho, e que o trabalho é uma ação de mudanças. É por meio do trabalho que primordialmente se garante a vida, ele é o meio pelo qual o homem sobrevive. Portanto, é o grande motivador não só da vida biológica, mas também da independização do homem como ser pensante.

Como na sociedade em que vivemos a grande maioria da população vive do seu trabalho, é preciso que na escola a ação pedagógica, pautando a prática escolar, tenha consciência da força do trabalho como elemento humanizador, como instrumento de mudanças sociais. Nesse sentido, a escola e sua ação pedagógica são determinadas pela organização social mais ampla. Sua prática reproduz, reflete essa organização, mas também deve questioná-la.

A escola ainda não se deu conta de seu poder de proferir sentenças perpétuas, como ao afirmar que um aluno será reprovado, sem o esclarecimento de suas efetivas dificuldades acadêmicas. Além disso, essas sentenças são dadas sem que antes tenha havido possibilidade de defesa.

A escola, assim como as empresas, exclui aqueles que não têm a produção desejada. O que deveria ser um espaço privilegiado de apropriação do conhecimento, torna-se, por causa de sua organização e relações, um sistema que exclui crianças e jovens que têm ali a única possibilidade de acesso ao saber científico. A prática escolar que não planeja a socialização do conhecimento centrada na realidade do aluno e nas diferenças de classes sociais, mas sim nas intenções do sistema dominante, só interessa a esse sistema.

Nesse sentido, "a educação seria concebida como uma prática social caracterizada como uma ação de influências entre os indivíduos e grupos, destinada à configuração da existência humana; pedagogia, a ciência que estuda esse fenômeno em suas peculiaridades."[5]

É importante ressaltar que "há um segmento de pedagogos que querem dar um fundamento teórico à prática e lutam por um espaço acadêmico profissional"[6]. Um dos maiores desafios que esses profissionais hoje enfrentam é compreender a complexidade da realidade, em suas múltiplas determinações, para então agir de forma consciente de seus limites, mas também de suas possibilidades.

3.2
A PRÁTICA PEDAGÓGICA

A valorização da prática dos professores ocupa um espaço fundamental em estudos realizados por diferentes pesquisadores em vários países. Em uma síntese das diferentes questões relativas à formação, profissionalização, socialização profissional e construção da identidade do professor, Lüdke aponta o trabalho de vários autores[*] que afirmam que o saber docente é adquirido durante o próprio exercício profissional[7].

A prática é requisito necessário, mas não suficiente para a profissionalização. Vale ressaltar a importância dos conhecimentos adquiridos nos cursos de formação[8]. Além disso, a prática pela prática não subsidia um trabalho pedagógico eficaz, visto que, sem o estudo aprofundado das determinantes de cada situação-problema ou de cada prática pedagógica, permanece apenas uma ação vazia de sentido e de objetivo educativo.

Os referenciais do MEC para a formação de professores, incluindo, nesse caso, os pedagogos, apontam, como se explicitou no capítulo anterior, para a busca por um profissional mais integrado e indicam que, para repensar essa formação, é fundamental:

A. a compreensão da natureza do trabalho do professor em sua complexidade e singularidade;
B. a necessária consideração aos processos de formação reflexiva;
C. a coerência entre a metodologia experienciada no curso e a atuação do professor, cuja especificidade requer a consideração das situações pedagógicas no cotidiano escolar;
D. a incorporação da avaliação diagnóstica no processo de formação;
E. o uso de recursos tecnológicos como suporte no desenvolvimento da ação pedagógica.

---

[*] Lüdke refere-se, por exemplo a Nóvoa (1992b) e Zeichner (1993), entre outros, e também a pesquisas que vêm sendo desenvolvidas no Brasil em relação à formação de professores, enfatizando os processos de socialização profissional. Tais estudos têm indicado as exigências da prática escolar como aspecto a ser considerado nos cursos de formação de professores.

A ampliação do acesso de diferentes segmentos da população à escolarização, como os jovens e adultos, os menores de rua, os portadores de necessidades especiais, e o aumento do número de crianças de zero a seis anos matriculadas em instituições educativas têm indicado a necessidade da compreensão do pedagogo como o profissional capaz de pensar sobre essas demandas emergentes e atender a elas.

Inclui-se nesse quadro a consolidação da necessária orientação ao trabalho do professor de séries iniciais, enfatizando a alfabetização, cuja especificidade carece de um profissional capaz de compreender o significado e, ao mesmo tempo, desenvolver práticas de ensino que permitam a plenitude desse processo de aquisição de habilidades e conhecimentos da lectoescrita.

Mesmo a questão do pedagogo, *stricto sensu*, permanece imanente ao curso de Pedagogia. "Pedagogo é um profissional que lida com fatos, estruturas, contextos, situações, referentes à prática educativa em suas várias modalidades e manifestações"[9], que visam à formação humana historicamente definida, portanto não restrita exclusivamente ao ensino.

De acordo com Libâneo, existem duas áreas de atuação do pedagogo: escolar e extra-escolar. Na escola, pode atuar como docente, como anteriormente indicado, e como pedagogo que opera em níveis centrais, intermediários e locais nos sistemas de ensino (orientadores, gestores, supervisores etc.) e também em atividades paradidáticas. No contexto extra-escolar, pode atuar em órgãos públicos, privados e públicos não-estatais ou como clínico psicopedagógico, instrutor, consultor, programador, entre outros.[10]

Cabe ressaltar que a fragmentação do trabalho do pedagogo em supervisão escolar ou orientação educacional, característica do período tecnicista, foi intensamente denunciada em inúmeros estudos, artigos, pesquisas, dissertações, teses e mesmo por associações e fóruns de discussão e encontra-se em plena superação nos diferentes sistemas de ensino. Hoje, o que se busca é o pedagogo e não mais o supervisor ou orientador isoladamente.

O processo histórico da profissão docente tem acentuado a desvalorização profissional, par e passo a desvalorização que todos os trabalhadores têm sofrido. Essa situação não indica em absoluto que se deva descurar da formação desse profissional. Ao contrário, a constituição do estatuto profissional carece de sólida formação.

Cabe destacar ainda que, em 2005, foram publicadas as diretrizes curriculares para o curso de Pedagogia, que não negam a construção histórica da profissão, visto que o eixo da concepção desse documento é a docência. A organização do trabalho pedagógico tendo por núcleo a ação em sala de aula é premente na sociedade brasileira. Não procede, porém, a idéia de relativizar a gestão educacional e sua expressão nos diferentes setores da escola, assim como o papel do pedagogo na sociedade.

Considerando que todo documento é fruto das discussões entre lideranças da sociedade, as diretrizes atuais do curso de Pedagogia também são analisadas em um contexto de prós e contras, processo necessário para que se fortaleçam as idéias propostas e a identidade da própria profissão.

SÍNTESE

Discutimos neste capítulo a identidade do professor e algumas questões fundamentais em relação à formação profissional: O CONHECIMENTO, objeto a ser trabalhado juntamente com os alunos na sala de aula e que precisa urgentemente ser resgatado, A EXPERIÊNCIA adquirida durante o próprio exercício profissional, pautada por um aprofundamento teórico que desmascare as falsas propostas de formação, e OS DESAFIOS COTIDIANOS enfrentados pelos profissionais de educação. Discutimos também a educação e a pedagogia enquanto ciência e a prática pedagógica.

Indicações culturais

O Sorriso de Monalisa. Direção: Mike Newell. Produtora: Columbia Pictures Corporation. Estados Unidos: Columbia Pictures, 2003. 125 min.

Clube do imperador. Direção: Michael Hoffman. Produtora: Beacon Communications LLC. Estados Unidos: Universal Pictures, 2002. 109 min.

Vem dançar. Direção: Liz Friedlander. Produtora: New Line Cinema. Estados Unidos: PlayArte, 2006. 108 min.

Esses três filmes evidenciam algumas questões tratadas no texto, como as dificuldades de relacionamento presentes na sala de aula, a busca de alternativas pedagógicas diferenciadas e a superação de dificuldades, permitindo uma análise dos objetivos fundamentais da educação escolar.

Atividades de auto-avaliação

1) Assinale V para as afirmativas verdadeiras e F para as falsas e marque a alternativa correspondente.

   ( ) A pedagogia fragmentada não possibilita as mudanças necessárias e fundamentais para uma proposta inovadora de gestão escolar.

   ( ) A compreensão da cientificidade do curso de Pedagogia, não na perspectiva positivista, mas na de apropriação de conceitos indispensáveis à reflexão mediatizada pela prática, é um dos grandes avanços das últimas duas décadas.

   ( ) A pedagogia hegemônica é o único caminho possível de construção profissional, visto que possibilita a formação de indivíduos ajustados ao modelo social vigente.

   ( ) Segundo vários autores, a valorização da prática dos professores ocupa um espaço fundamental em estudos realizados em diferentes países. Sendo assim, pode-se afirmar que o saber docente adquirido com a experiência profissional é suficiente para a profissionalização.

( ) No processo vivido atualmente de se repensar a identidade do professor, tem-se apontado três eixos fundamentais em relação aos saberes profissionais: o conhecimento, a experiência adquirida no próprio exercício profissional e os saberes pedagógicos.

a) V – V – F - F – V
b) F – V – V – F – F
c) F – V – F – V – F
d) V – V – V – V – F

2) Leia o texto abaixo e assinale a alternativa correta.

Segundo Libâneo (1996), "pedagogo é um profissional que lida com fatos, estruturas, contextos, situações referentes à prática educativa em suas várias modalidades e manifestações", que visam à formação humana definida historicamente.

Segundo esse texto:

a) há duas áreas de atuação do pedagogo: escolar e extra-escolar;
b) o único espaço de trabalho no qual o pedagogo pode atuar com competência é a escola;
c) a função do pedagogo é superficial e fragmentada, o que não permite que ele atue em diferentes espaços, sejam eles escolares ou não.
d) o pedagogo formado com consistência teórica articulada à prática não pode atuar fora da escola.

3) Assinale a alternativa incorreta no que se refere às categorias de trabalho.

a) A educação, por estar na categoria de trabalho humano, é uma ação social em constante mudança.

b) O homem, enquanto ser pensante, modifica suas relações a cada momento de sua história, porque a cada momento os indivíduos se deparam com outros seres pensantes ou com fenômenos da natureza, o que os leva a criar novas leis e novos princípios éticos, morais, econômicos e políticos.

c) As relações humanas estão em constante mudança, porque o ser humano é um ser inteligente, ou seja, criativo. As diferenças humanas geram conflitos, por serem características individuais. São os conflitos que mobilizam os indivíduos e fazem surgir o novo. Isso leva à afirmação de que somente nas relações sociais de trabalho se estabelecem mudanças.

d) As modificações no mundo do trabalho não acarretam mudanças no mundo do trabalho pedagógico, ou seja, não interferem na organização escolar.

4) Sobre a constituição da identidade da profissão de pedagogo nas últimas décadas, cabe afirmar que:

a) os anos 1980 e 1990 não permitiram discussões acerca da cientificidade da profissão, fazendo com que os conceitos até então aceitos no meio acadêmico passassem a ser questionados;

b) o orientador passou a ser o organizador do processo educativo;

c) pretende-se hoje, na formação dos pedagogos, a superação da dicotomização entre os especialistas que atendem crianças e os que atendem professores;

d) é responsabilidade única do supervisor a organização do processo pedagógico. É ele quem articula as relações humanas dentro da escola.

5) Quanto ao trabalho específico da orientação educacional, é incorreto afirmar que refletia:
   a) atribuições relacionadas à sondagem de aptidões, cujo objetivo era preparar tecnicamente o indivíduo para atender às demandas do mercado de trabalho capitalista;
   b) a totalidade do trabalho do pedagogo, articulando e expressando a unidade do trabalho pedagógico escolar;
   c) tarefas isoladas e desvinculadas da especificidade da função do pedagogo e que demonstravam claramente a divisão do trabalho humano nesse período histórico;
   d) atendimento exclusivo a alunos, nos aspectos que dizem respeito ao seu desempenho escolar.

Atividades de aprendizagem

Questões para reflexão

1) Busque na internet, no site do Scielo (http://www.scielo.br), dois artigos publicados até o ano 2000 que tratem da formação dos pedagogos e discuta-os com seu grupo de estudos, apontando os aspectos que estavam sendo abordados na época.
2) Com base na leitura das Diretrizes Curriculares para os Cursos de Pedagogia, identifique os distintos momentos históricos que aparecem nesse documento.

Atividade aplicada: prática

Entreviste um pedagogo que esteja atuando numa escola e levante os principais aspectos que caracterizam sua função. Analise a sua entrevista à luz dos aspectos apresentados neste capítulo.

O TRABALHO COLETIVO: O CAMINHO DA GESTÃO EDUCACIONAL

QUATRO

Neste capítulo, trataremos de forma mais específica da busca pela integração entre os profissionais da educação que se verificou desde a década de 1980, marcada por movimentos sociais como a luta pelas eleições diretas e as greves por melhores condições de trabalho e também pelo movimento em prol de uma escola pública, gratuita e de qualidade, com a participação de educadores preocupados com a precarização dos processos educativos. Nessa busca, perpassa o entendimento da complexidade do trabalho desenvolvido pelo pedagogo, que envolve questões de relacionamento e de planejamento.

A busca pelo caminho coletivo, que demandaria mais solidariedade do que competitividade, expressa as necessidades prementes de uma sociedade que chegou ao século XXI sem resolver questões básicas para a sobrevivência do homem (como a fome e o saneamento básico, por exemplo).

Nesse contexto, o pedagogo deve ter uma sólida compreensão do que é a atuação na sala de aula, sistematizando e democratizando o conhecimento juntamente com os professores e os alunos. Suas competências devem ser indissociavelmente teóricas e práticas. Refletir, antecipar, planificar, avaliar, reorientar, decidir no momento, na incerteza, na ambigüidade, constituem as ações esperadas, com a articulação simultânea de teoria e prática, compromisso político, conhecimento científico e técnico.

Esses saberes consolidados necessitam da ciência e da tecnologia contemporâneas, tais como a informática e a multimídia, que permitem ao pedagogo/professor atuar na formação dos professores e alunos incluídos na organização do trabalho pedagógico e da vida cotidiana.

Além dessas funções, existem outras inerentes à profissão, ligadas aos aspectos burocráticos e aos aspectos relacionais, seja com seus pares, com os pais dos alunos ou com os superiores das instituições, acrescidas da constante necessidade de atualização. Portanto, é uma função de natureza complexa.

Os profissionais da educação são ainda chamados a participar de um movimento em busca de melhor qualidade para a educação. Segundo Aguiar e Ferreira:

> *é incontestе a centralidade da gestão nas reformas educacionais da maioria dos países da América Latina. Em quase todos eles, essas reformas configuraram um novo formato organizacional nos sistemas de ensino e nas escolas, contemplando estratégias de descentralização com vistas à melhoria da*

qualidade da educação. Os governos da região admitem, de modo geral, que o sucesso da condução dessas reformas depende, em grande parte, das formas de implementação da gestão em nível macro e nas unidades escolares.[1]

Esse movimento, ao término dos anos 1980, foi atropelado pela agenda internacional que apregoava os ditames da economia, articulando os financiamentos internacionais a projetos aligeirados de formação, principalmente para os profissionais da educação básica, e propostas de certificação baseadas em cursos de curta duração, sem nenhum controle do MEC.

Claro que, como no campo da vida real o jogo é dinâmico e extremamente difícil, as propostas dos agentes financiadores encontraram resistências e críticas severas por parte dos grupos de profissionais preocupados com o desenvolvimento de propostas significativas e consistentes, como a Associação Nacional de Pós-Graduação e Pesquisa em Educação (Anped), a Associação Nacional para a Formação dos Profissionais em Educação (Anfope), entre outros.

Exemplo claro disso foi a formação da Comissão de Especialistas de Ensino de Pedagogia, em 1999, com base na solicitação do MEC. Essa comissão conseguiu, com um trabalho amplo e participativo, articular as principais propostas para o curso de Pedagogia, contando com o apoio de entidades, de instituições e de pesquisadores da área, com pouquíssimas exceções. Nas palavras de Scheibe:

> a *Comissão de Especialistas de Ensino de Pedagogia, composta por educadores vinculados a faculdades de educação de universidades brasileiras, elaborou, em maio de 1999, uma proposta de diretrizes curriculares para o curso. Tomou por base, para tanto, as sugestões enviadas pelas coordenações de cursos das Instituições de Ensino Superior, em resposta ao solicitado no Edital n. 4/1997, da Sesu/MEC, e também os resultados de um amplo processo de discussão nacional, em que foram ouvidas as entidades da área, particularmente a Associação Nacional pela Formação dos Profissionais da Educação*

– Anfope –, apoiada em suas concepções centrais pela Associação Nacional de Pesquisa e Pós-Graduação em Educação – Anped –, o Fórum de Diretores de Faculdades/Centros de Educação das Universidades Públicas Brasileiras – Forumdir –, a Associação Nacional de Administradores Educacionais – Anpae – e o Centro de Estudos Educação e Sociedade – Cedes. A visão então predominante para a organização do curso foi incorporada na proposta apresentada. Entendeu a Comissão que tal visão não representava simplesmente um senso comum a respeito do tema, mas sim o acúmulo das discussões nacionais que vinham sendo realizadas em amplo processo de mobilização em torno da formação dos educadores que ocorria desde o início da década de 80.[2]

Com base nesse documento, denominado Parecer da Comissão de Especialistas, passaram a ser propostos e avaliados os cursos de Pedagogia do Brasil inteiro. Mesmo sem aprovação oficial, esse documento permaneceu no *site* do governo até março de 2005, quando, para surpresa de muitos, mas nem tanto assim para outros, o Conselho Nacional de Educação apresentou uma nova proposta de diretrizes. Conhecida como Minuta de Resolução, essa proposta provocou uma reação nacional, pois definia que o curso de Pedagogia seria apenas de licenciatura. O aluno cursaria a habilitação para o magistério na Educação Infantil ou no Ensino Fundamental, ou ambas, desde que em seqüência. Isso indicava uma clara desarticulação entre a formação do professor e a do pedagogo e um desrespeito com o movimento voltado à formação dos profissionais da educação.

No documento de 1999, até então considerado como o referencial pedagógico curricular para a formação de professores da Educação Infantil e séries iniciais do Ensino Fundamental, indicava-se um conjunto de objetivos quanto à capacitação do pedagogo/professor para atuação na Educação Infantil, no Ensino Fundamental (anos iniciais) e no Ensino Médio (disciplinas pedagógicas do magistério). O avanço da Pedagogia ao superar a dicotomia entre bacharelado e licenciatura é bem explicitado por Freitas:

> *O curso de pedagogia, em grande parte das IES, desde meados de 1980, constituiu-se como um curso de graduação plena, licenciatura e bacharelado, com projeto pedagógico próprio, responsável pela formação dos profissionais para a educação básica, eliminando a fragmentação das antigas habilitações e possibilitando sua inserção em outros campos profissionais. É hoje o único curso de formação dos profissionais da educação que tem esta organização, com projeto pedagógico específico, sob total responsabilidade das faculdades/ centros de educação, superando as dicotomias entre bacharelado e licenciatura, formação pedagógica e formação específica, presentes nos demais cursos de licenciatura.*[3]

Essa caminhada representou, para além das questões pedagógicas, a busca pela unidade entre o movimento de formação de professores e de pedagogos, dentro do entendimento de que a docência é a base da formação do profissional de pedagogia. Daí então a busca pela coletividade.

Após amplo debate, o Conselho Nacional de Educação (CNE) propôs, ao final de 2005, uma audiência pública e elaborou um novo documento, atendendo em alguns aspectos às reivindicações dos profissionais da área. Segundo Scheibe:

> *o processo de mobilização nacional, desencadeado em prol de diretrizes que contemplassem as propostas construídas historicamente pelo movimento dos educadores, surtiu algum efeito. A partir dele, uma comissão do CNE elaborou novo parecer sobre as diretrizes curriculares nacionais para o Curso de Pedagogia, aprovado em reunião do Conselho Pleno do Conselho Nacional de Educação em 13 de dezembro de 2005, com a presença de representantes da Anfope, Cedes e Forumdir.*[4]

Em 13 de dezembro de 2005, foram aprovadas as Diretrizes Curriculares Nacionais para o Curso de Pedagogia, publicadas no Diário Oficial da União em 15 de maio de 2006, que determinavam que esse curso seria uma licenciatura.

Situa-se o histórico do curso de Pedagogia por ser este o lócus de formação do orientador e do supervisor, que hoje estão sendo formados muito mais como gestores, justamente pela proposição de formação coletiva que integrasse os conhecimentos e a possibilidade de atuação desse profissional.

Interessante é perceber como a realidade muitas vezes supera a lei. Quando se falou aqui das habilitações do curso de Pedagogia, era sempre uma referência ao orientador e ao supervisor. Cabe, porém, lembrar que existia também a proposta de formação do administrador escolar, função que deixou de existir por força da democratização do país, que trouxe a eleição de diretores para dentro da escola. Dessa mesma forma, percebe-se que hoje os concursos públicos, pelo menos no Paraná, abrem vaga para pedagogos, não especificando sua habilitação como orientadores ou supervisores.

Não se pode esquecer as determinações da organização capitalista de nossa sociedade, mas não se pode negar que a articulação do trabalho pedagógico foi um avanço, pois superou, ainda que nos limites dessa sociedade, a fragmentação que existia com a formação do orientador e do supervisor, uma conquista dos educadores, mais do que nunca profissionais assumidos.

No Brasil, a última metade do século XX abrigou e fomentou, no campo educacional, em geral, e no plano da educação superior, em específico, um incessante debate, que ainda hoje permanece, a respeito do papel das instituições de ensino e da natureza do processo de formação do seu agente, o educador, seja ele pedagogo ou professor.

Chamado a desempenhar funções cada vez mais significativas e acentuadamente mais complexas, o educador contemporâneo requer um processo formativo que o conceba e o instrumentalize, sólida e adequadamente, para cumprir as tarefas de âmbito organizacional que lhe serão atribuídas pelas instituições e organismos educativos e culturais.

Assim sendo, a formação dos supervisores e orientadores ou, como se pretende na perspectiva de coletividade, dos pedagogos, configura-se como um conjunto de objetivos que define o perfil do pedagogo/professor: uma pessoa ética, realizada profissionalmente, com atuação prática no interior da sala de aula, da escola e da sociedade e participação nas associações da categoria. A sociedade exige um profissional competente, interferente, participativo, comprometido, reflexivo, situado historicamente.

Portanto, os cursos de Pedagogia buscam hoje oferecer uma formação que propicie ao mesmo tempo a compreensão ampla da função da educação e das competências relativas à especificidade da atuação do professor, considerando-o sujeito de sua própria formação.

Pode-se atribuir ao pedagogo a afirmação de que "a primeira característica do professor de novo tipo"[5] é:

> *ser capaz de, apoiando-se nas ciências humanas, sociais e econômicas, compreender as mudanças ocorridas no mundo do trabalho, construindo categorias de análise que lhe permitam apreender as dimensões pedagógicas presentes nas relações sociais e produtivas, de modo a identificar as novas demandas da educação e a que interesses elas se vinculam. Ou seja, compreender historicamente os processos de formação humana em suas articulações com a vida social e produtiva, as teorias e processos pedagógicos de modo a intervir de modo competente nos processos pedagógicos amplos e específicos, institucionais e não institucionais, com base em uma determinada concepção de sociedade.*[6]

A prática pedagógica da escola, com a concepção de que a apreensão do saber é uma capacidade destinada a uns poucos, leva o professor a se preocupar com a transmissão do conhecimento em forma de informações, sem a necessária articulação desse conhecimento com algum projeto de construção social.

É comum encontrarmos nos professores e nos pedagogos o sentimento de preocupação com a dinâmica da sala de aula, especificamente no que diz respeito a disciplina e tarefas, sem, no entanto, nenhuma clareza de que essa dinâmica tem suas raízes na história de dominação e seleção social na qual a instituição se insere. Há um claro distanciamento entre as questões aparentemente imediatas e pontuais do cotidiano escolar, como a indisciplina, por exemplo, e sua relação com as origens dessas questões.

O professor e o pedagogo não são questionados pela sociedade de forma mais ampla, nem tampouco fazem um autoquestionamento sobre sua prática sociopolítica e econômica como profissionais da educação. Eles também são expropriados da possibilidade de realização humana oferecida pelo trabalho. Sonega-se também a eles o poder que a transmissão do saber confere na construção do processo de humanização. Assim sendo, esses profissionais tornam-se alijados da práxis de transformação, restando-lhes apenas o continuísmo de práticas reprodutoras do sistema.

Entre os desafios a ser enfrentados pelos pedagogos, podem-se citar os seguintes:

A. PARTICIPAÇÃO NA GESTÃO ESCOLAR – É a gestão da estrutura que pressupõe a possibilidade do trabalho pedagógico enquanto organizador do cotidiano desse trabalho.

B. PARTICIPAÇÃO NA FORMAÇÃO CONTINUADA – Abrange sua própria formação continuada e a dos professores sob sua gestão.

C. ORGANIZAÇÃO DO TRABALHO PEDAGÓGICO – Conforme propõe Libâneo, implica na organização da vida escolar: distribuição de tarefas, organização do espaço ambiental e físico da escola, instalação de um sistema de gestão e participação de todos nos processos decisórios, coordenação do desenvolvimento da proposta pedagógica, promoção do processo de integração entre escola e comunidade, e entre escola e mantenedora, auxílio e participação na organização do processo de ensino–aprendizagem juntamente com os professores, de modo a promover o envolvimento dos alunos para o alcance do trabalho independente. Paralelamente a essas atividades, citam-se ainda a promoção da avaliação do processo e dos planos escolares, bem como a implantação do projeto pedagógico da escola.[7]

Em consonância com esses trabalhos, cabe ao pedagogo um papel de articulação permanente com a direção da escola, para que esta não encaminhe ações desvinculadas dos objetivos pedagógicos. As ações de apoio e desenvolvimento de recursos didáticos, tecnológicos e informacionais, levantamento de necessidades, recebimento e integração de novos professores e outros profissionais, quando são feitas de maneira integrada com a direção, têm muito mais chances de se tornar eficazes.

Outro aspecto de fundamental importância, também identificado por Libâneo, é a promoção da formação continuada dos professores no espaço da escola que possibilite a necessária revisão da atividade docente, sempre que não atender aos pressupostos de uma escola inclusiva e de qualidade.

Síntese

Vimos neste capítulo que os desafios para se alcançar um trabalho coletivo são muitos e que a organização do trabalho pedagógico é sempre um processo contínuo e permanente. É pelo processo coletivo que a prática pedagógica pode ser revista e reconstituída. Assim, a auto-avaliação constitui um instrumento valioso para a superação de práticas pedagógicas autoritárias e pode trazer subsídios valiosos para apontar os problemas dessas práticas.

Indicações culturais

Vida de inseto. Direção: John Lasseter; Andrew Stanton. Produtora: Pixar Animation Studios; Walt Disney Productions. Estados Unidos: Buena Vista International, 1998. 96 min.

Desenho animado muito divertido que mostra a importância da ação coletiva, idéia que pode ser transposta para a ação educativa sem maiores dificuldades.

Mr. Holland – Adorável professor. Direção: Stephen Herek. EUA: Hollywood Pictures, 1995. 1 DVD (143 min), widescreen, color.

Filme que apresenta com maestria os dilemas da profissão de professor (e também, poderíamos dizer, do pedagogo), constantemente articulados às questões pessoais, profissionais e sociais de sua época.

Atividades de auto-avaliação

1) Assinale V para as afirmativas verdadeiras e F para as falsas e marque a alternativa correspondente.

   ( ) O exercício da profissão de pedagogo é complexo, visto que alia competências que são indissociavelmente teóricas e práticas.

   ( ) A busca por melhor qualidade na educação está diretamente articulada ao processo de formação dos profissionais da educação básica.

   ( ) As determinações da organização capitalista da sociedade brasileira imobilizaram as conquistas dos educadores, impossibilitando qualquer avanço na construção da identidade do pedagogo como profissional.

   a) V – F – F
   b) V – V – F
   c) F – V – F
   d) V – V – V

2) Assinale V para as afirmativas verdadeiras e F para as falsas e marque a alternativa correspondente.

( ) A preocupação com várias situações cotidianas e pontuais da escola faz com que, em muitas situações, o pedagogo se distancie da organização do trabalho pedagógico, questão central da sua profissão.

( ) A formação continuada é de fundamental importância para fortalecer as discussões e análises acerca do exercício docente, possibilitando recursos teóricos para uma retomada da práxis pedagógica.

( ) Os professores e pedagogos não apresentam, muitas vezes, uma clara percepção de que a dinâmica da sala de aula está vinculada sempre à dinâmica mais ampla da organização da escola e da sociedade.

a) V – F - F
b) V – V – F
c) F – V – F
d) V – V – V

3) Leia o texto abaixo e assinale a alternativa correta.
Segundo Paro (1998, p. 5):

se se pretende, com a educação escolar, concorrer para a emancipação do indivíduo como cidadão partícipe de uma sociedade democrática e ao mesmo tempo, dar-lhe meios, não apenas para sobreviver, mas para viver bem e melhor no usufruto de bens culturais que hoje são privilégios de poucos, então a gestão escolar deve fazer-se de modo a estar em plena coerência com esses objetivos.

Nessa perspectiva, pode-se afirmar que:

a) os processos de gestão escolar precisam estar articulados à ação docente, visando à construção coletiva do trabalho pedagógico na busca pela promoção da autonomia do aluno em suas diferentes atividades;

b) os processos de gestão escolar são exclusivamente de caráter burocrático e seus objetivos não estão vinculados às outras instâncias da escola;

c) os processos de gestão escolar deveriam ser geridos de maneira externa à escola;

d) a gestão escolar, que deve se pautar na gestão empresarial, possui fins gerenciais e técnicos, visando à satisfação dos clientes e à expansão dos lucros.

4) Assinale a alternativa correta.

a) Para o exercício profissional docente, é suficiente a formação acadêmica com a qual os professores iniciam sua prática.

b) Para o exercício profissional docente, é essencial que as experiências práticas organizem o cotidiano do professor, não sendo relevante a formação inicial e continuada.

c) Para o exercício profissional, é imprescindível a indissociabilidade entre teoria e prática, expressando-se na práxis pedagógica.

d) Para o bom desempenho do exercício profissional, basta uma formação técnica consistente.

5) Assinale a alternativa incorreta.

Quanto ao trabalho do diretor escolar junto ao pedagogo, cabe afirmar que:

a) é necessária a participação do diretor da escola na sistematização das atividades de apoio técnico-administrativo, que abrangem os serviços de atendimento da secretaria, organização dos arquivos escolares, manutenção dos serviços de apoio e desenvolvimento de recursos didáticos, tecnológicos e informacionais, levantamentos de necessidades, recebimento e integração de novos professores e outros profissionais do trabalho escolar;

b) a atuação do diretor escolar se dá como autêntica coordenação do trabalho humano coletivo que se desenvolve em todas as esferas da escola. (PARO, 2001, p. 120);

c) a função do diretor escolar precisa se restringir às questões operacionais e burocráticas, diante dos inúmeros relatórios que precisam ser organizados e encaminhados;

d) diretor e pedagogo formam a equipe pedagógica e, portanto, precisam afinar suas ações no sentido de atingir o objetivo maior da escola, o ensino.

ATIVIDADES DE APRENDIZAGEM

QUESTÕES PARA REFLEXÃO

1) Analise as Diretrizes Curriculares Nacionais para o Curso de Pedagogia, publicadas em dezembro de 2005, identificando o perfil profissional esperado do pedagogo na atualidade.

2) Após a leitura dos artigos indicados abaixo, produza um texto analisando a posição dos autores sobre o curso de Pedagogia e a formação dos pedagogos.

TEXTO 1
SAVIANI, Dermeval. Pedagogia: o espaço da educação na universidade. **Cadernos de Pesquisa**, São Paulo, v. 37, n. 130, jan./abr. 2007. Disponível em: <http://www.scielo.br/scielo.php?script=sci_arttext&pid=S0100-15742007000100006&lng=pt&nrm=iso>. Acesso em: 29 out. 2007.

TEXTO 2
SCHEIBE, Leda. Diretrizes curriculares para o curso de Pedagogia: trajetória longa e inconclusa. **Cadernos de Pesquisa**, São Paulo, v. 37, n. 130, jan./abr. 2007. Disponível em: <http://www.scielo.br/scielo.php?script=sci_arttext&pid=S0100-15742007000100004&lng=pt&nrm=iso>. Acesso em: 29 out. 2007.

ATIVIDADE APLICADA: PRÁTICA

Analise um currículo atual de um curso de Pedagogia oferecido na sua cidade, observando se respeita as diretrizes curriculares nacionais estabelecidas para essa graduação.

Considerações Finais

A discussão que traçamos neste livro aponta que, para realizar mudanças sociais, são necessários aos profissionais de pedagogia o conhecimento e uma visão crítica sobre o poder do capital e suas estratégias hegemônicas.

Vimos que, politicamente, com o fim da ditadura em nosso país e o início do regime democrático, a sociedade passou a eleger seus representantes e, paralelamente, as escolas passaram a ter eleição para diretor. Economicamente, no mundo do trabalho, entramos no modelo toyotista e, nas escolas, passamos do especialista em supervisão e orientação para o pedagogo.

Ainda que de maneira breve e esquemática, assinalamos que, no contexto da história da educação brasileira, o período que se iniciou nos anos 1980 caracterizou-se pela configuração de mudanças estruturais nos modelos de produção social, incluindo a adoção do modo de produção flexível, denominado toyotismo, juntamente com o modelo taylorista-fordista, com repercussões conjunturais de ordem econômica e cultural que impuseram alterações nos conceitos e formas de organização da vida social e também nos rumos e contornos das diretrizes e políticas orientadoras das atividades de ensino e de preparação dos educadores.

Assistiu-se, desse modo, ao delineamento de percursos e tendências não só distintos, mas também conflitivos e até mesmo contraditórios, desde a instituição do curso de Pedagogia, que enfatizava ora a formação genérica, ora a formação especializada para professores e pedagogos. Resultou daí a necessidade de uma compreensão crítica e abrangente desse cenário, como ponto de partida para uma escolha do caminho a ser seguido e, por conseguinte, para a definição do perfil do curso que forma o pedagogo e o professor.

Desde meados dos anos 1950 e início dos anos 1960, passou a ser adotada, de modo mais intenso e acelerado, uma forma de organização da produção social tecnologizada, oferecendo as condições e as circunstâncias necessárias para o chamado tecnicismo pedagógico, com inúmeros desdobramentos e reflexos na estrutura organizativa da escola e também na composição e implementação do seu trabalho educativo.

Estabeleceu-se, nesse momento, uma visão educacional restrita e reducionista, assentada na adoção de modelos e paradigmas que afirmavam a exclusividade (ou quase!) da técnica, ou seja, da forma de fazer, dos indicadores numéricos e quantitativos e dos critérios imediatistas e utilitários, como "ingrediente fundamental" para a organização e a oferta dos serviços educacionais (cursos, projetos, consultorias, assessorias etc.).

Essa forma unilateral de enxergar e, logicamente, de ordenar o desenvolvimento das atividades pedagógicas exclui (ou pelo menos, secundariza) elementos e conteúdos indispensáveis ao aperfeiçoamento e à melhoria do ensino e da educação, entre eles a participação, o compromisso coletivo com a efetivação do conhecimento e a consciência da organização social. Como conseqüência, estimulam-se a setorização e o fracionamento das estruturas e dos órgãos que integram os sistemas educacionais, incluídas as instituições de ensino, bem como do planejamento e da gestão do trabalho escolar.

Nesse contexto, o curso de Pedagogia foi afetado por meio da fragmentação do seu corpo, com a criação de habilitações pelo Ministério da Educação: orientação educacional, supervisão e administração escolar. Dessa forma, decompôs-se o todo em partes separadas, que muitas vezes eram permeadas até mesmo por relações de estranhamento e contraposição entre si. Essa fragmentação da formação configurou-se como um forte obstáculo à construção da unidade necessária à concepção e à condução do trabalho educacional.

Em contrapartida, desde os anos 1970 e 1980, ainda que de forma incipiente e progressiva, foram restabelecidas as condições que permitiram reacender e intensificar o debate cultural. Um de seus eixos foi a questão escolar, em vista da sua contribuição ao processo de transformação e melhoria das condições de vida da população brasileira. Nessas circunstâncias, surgiram um conjunto de novas e importantes exigências para o educador e para o seu processo formativo, a fim de que pudesse cumprir um papel ativo e efetivo, enfim de sujeito, no interior do projeto de desenvolvimento social.

Na dinâmica escolar, o pedagogo passou a ser o organizador do processo educativo, superando a dicotomização entre a especialização para atender crianças ou para atender professores, o que pressupôs também um maior envolvimento desse profissional no contexto educativo.

Ao considerarmos a educação em sua dinâmica, entendemos que

ela é uma prática social histórica que se transforma pela ação dos homens em relação com a natureza, consigo mesmo e com os outros homens dentro da realidade que a sociedade constitui no cotidiano.

A pedagogia, portanto, enquanto ciência da prática educativa, tem a preocupação de promover a discussão e a reflexão sobre os fenômenos do cotidiano para que o educando possa ter instrumentos de compreensão e de solução. Assim, a natureza do trabalho do professor, em sua complexidade e singularidade, pressupõe a necessária consideração aos processos de formação reflexiva que articulem coerentemente a metodologia experienciada no curso e a atuação em sala de aula, a incorporação da avaliação diagnóstica como integrante do processo de formação e o uso de recursos tecnológicos como suporte no desenvolvimento da ação pedagógica.

Isso significa que o pedagogo precisa efetivar sua participação na organização do trabalho educacional, assumindo a gestão escolar como sua função primordial, já que é por meio dela que garantirá a função primordial da escola, que é o acesso ao conhecimento sistematizado, auxiliando a organização do processo ensino–aprendizagem juntamente com os professores e garantindo a promoção da avaliação do processo e dos planos escolares, bem como a implementação do projeto pedagógico da instituição.

Além do mais, a atuação do pedagogo implica também auxiliar o diretor da escola a sistematizar as atividades de apoio técnico-administrativo, que abrangem os serviços de atendimento da secretaria, a organização dos arquivos escolares, a manutenção dos serviços de apoio e o desenvolvimento de recursos didáticos, tecnológicos e informacionais, o levantamento de necessidades, o recebimento e a integração de novos professores e outros profissionais.

Tudo isso tem como objetivo vencer os desafios postos para a escola, como o acesso de diferentes segmentos da população à escolarização – jovens e adultos, menores de rua, portadores de necessidades especiais, crianças de zero a seis anos etc. Esses desafios têm exigido do pedagogo competências indissociavelmente teóricas e práticas, que seriam refletir, antecipar, planificar, avaliar, reorientar, tomar decisões diante de situações ambíguas, ter compromisso político. É preciso também que esse profissional alie conhecimento científico e técnico à consciência permanente do modo de organização social a que está vinculado, pois as funções inerentes a ele estão ligadas ao aspecto burocrático, mas também e principalmente aos aspectos relacionais, visto que está sempre trabalhando com pessoas.

Portanto, ser pedagogo significa compreender que essa é uma função de natureza complexa que implica uma busca constante pela ação coletiva, pois somente as ações coletivas são constituidoras das possibilidades de realização humana plena.

GLOSSÁRIO*

DICOTOMIA
Modalidade de classificação em que cada uma das divisões e subdivisões contém apenas dois termos.

FORDISMO
Conjunto de teorias sobre administração industrial criadas pelo industrial e fabricante de automóveis Henry Ford (1863–1947).

HEGEMONIA
Supremacia ou superioridade (cultural, econômica ou militar) de um povo sobre outros.

* Este Glossário foi elaborado a partir de:HOUAISS; VILLAR, 2001.

ONTOLÓGICO

A investigação teórica do ser; relativo ou próprio à ontologia (parte da filosofia que tem por objeto o estudo das propriedades mais gerais do ser).

TAYLORISMO

Sistema de organização concebido por Frederick Winslow Taylor (1856–1915), com o qual se pretende alcançar o máximo de produção e rendimento com o mínimo de tempo e de esforço.

TOYOTISMO

O toyotismo é um modo de organização da produção criado por Taiichi Ohno, com base em células de trabalho, e com princípios de produção diferentes dos do taylorismo.

REFERÊNCIAS POR CAPÍTULO

UM

1. Frigotto; Ciavatta, 2005, p. 12.
2. Ibid.
3. Marx citado por Frigotto; Ciavatta, 2005, p. 14.
4. Aranha, 2006, p. 101.
5. Ibid., p. 149.
6. Ibid., p. 150.
7. Marx, 1998, p. 425.
8. Ibid., p. 211.
9. Ibid., p. 65.
10. Ibid., p. 411.
11. Ibid., p. 145.
12. Ibid., p. 276.

13 Oliveira; Rosar, 2002, p. 126.
14 Bresser Pereira, 1998 citado por Oliveira; Rosar, 2002.
15 Oliveira; Rosar, op. cit., p. 129.
16 Gounet, 1999, p. 61.
17 Harvey, 2001, p. 121.
18 Ibid., p. 123.
19 Ibid., p. 136.
20 Gounet, 1999, p. 33.
21 Harvey, op. cit., p. 140.
22 Castro; Dedecca, 1998, p. 14.
23 Habermas, 1992; Aznar, 1997.
24 Ianni, 1994, p. 3.
25 Kuenzer, 1999.
26 Carvalho; Simões, 2002, p. 173.
27 Aranha, 2006, p. 174.
28 Chaui, 2003.

Dois

1 Silva, 1999, p.11-12.
2 Silva, 1999, p. 88.
3 Lima, 2001.
4 Nérici, 1973.
5 Assis, 2001, p. 126.
6 Ibid.
7 Scheibe, 2007; Kuenzer, 2003; Aguiar; Ferreira, 2000.
8 Kuenzer, 2003.

Três

1 Kuenzer, 1999; Scheibe, 2007; Freitas, 1999.
2 Kuenzer, 2002.
3 Mazzotti, 1996, p. 13.
4 Pimenta, 2007.
5 Libâneo, 2000.
6 Ibid.
7 Lüdke, 1996.
8 Ibid.
9 Libâneo, 1996.
10 Ibid.

Quatro

1 Aguiar; Ferreira, 2000, p. 194.
2 Scheibe, 2007.
3 Freitas, 1999, p. 26.
4 Scheibe, op. cit.
5 Kuenzer, 1999.
6 Ibid., p. 170.
7 Libâneo, 2001.

REFERÊNCIAS

AGUIAR, M. Â. da S.; FERREIRA, N. S. C. (Org.). **Gestão da educação**: impasses, perspectivas e compromissos. São Paulo: Cortez, 2000.

ANTUNES, R. **Adeus ao trabalho?** Ensaios sobre as metamorfoses e a centralidade do mundo do trabalho. São Paulo: Cortez, 1998.

ARANHA, M. L. A. **História da educação e da pedagogia**. 3. ed. Rev. e ampl. São Paulo: Moderna, 2006.

ASSIS, N. de. Revendo o meu fazer sob uma perspectiva teórico-prática. In: GRINSPUN, Miriam P. S. Z. (Org.). **A prática dos orientadores educacionais**. 4. ed. São Paulo: Cortez, 2001.

AZNAR, G. **Trabalhar menos para trabalharem todos**. São Paulo: Scritta, 1997.

BRASIL. Ministério da Educação. Conselho Nacional de Educação. Parecer nº 251 de 1962. Currículo Mínimo e duração do curso de pedagogia. **Documenta**, nº 11, p. 95-100, 1963.

_____. Resolução nº 2, de 11 de abril de 1969. **Documenta**, n. 100, p. 113-117, 1969.

_____. Decreto-Lei nº 1.190, de 4 de abril de 1939. Dá organização à faculdade nacional de filosofia. **Coleção de Leis do Brasil**, Rio de Janeiro, 31 dez. 1939. Disponível em: <http://www.6.senado.gov.br/legislacao/ListaPublicacoes.action?is=6444>. Acesso em: 15 abr. 2008.

_____. Decreto-Lei nº 8.530, de 2 de janeiro de 1946. Lei orgânica do ensino normal. Diário Oficial [da] República Federativa do Brasil, Rio de Janeiro, 2 de jan 1946. Disponível em: <http://www.6.senado.gove. br/legislacao/ListaPublicacoes.action?id=103938>. Acesso em: 15 abr. 2008.

_____. Lei nº 5.540, de 28 de nov. de 1968. Fixa normas de organização e funcionemento do ensino superior e sua articulação com a escola média, e dá outras providências. Diário Oficial [da] República Federativa do Brasil, Brasília, DF, 28 nov. 1968. Disponível em: <http://www.planalto.gov.br/ccivil_03/leis/l5540.htm>. Acesso em: 15 abr. 2008.

_____. Lei nº 5692, de 11 de agosto de 1971. Fixa Diretrizes e Bases para o ensino de 1º e 2º graus, e dá outras providências. Diário Oficial [da] República Federativa do Brasil, Brasília, DF, 12 ago. 1971. Disponível em: <http://www.planalto. gov.br/ccivil_03/leis/l5692.htm>. Acesso em: 15 abr. 2008.

Bresser Pereira, L. C. Gestão do setor público: estratégia e estrutura para um novo Estado. In: Bresser Pereira, L. C.; Spink, P. (Org.). **Reforma do Estado e administração pública gerencial**. Rio de Janeiro: Fundação Getúlio Vargas, 1998.

Carvalho, J.; Simões, R. O processo de formação continuada de professores: uma construção estratégico-conceitual expressa nos periódicos. In: André, Marli E. D. de (Org.). **Formação de professores no Brasil (1990–1998)**. Brasília: MEC/Inep/Comped, 2002.

Castel, R. **As metamorfoses da questão social**. Petrópolis: Vozes, 1998.

Castro, N. A.; Dedecca, C. S. (Org.). **A ocupação na América Latina**: tempos mais duros. São Paulo: Atlas, 1998.

Chaui, M. A universidade pública sob nova perspectiva. **Revista Brasileira de Educação**, Rio de Janeiro, n. 24, set./dez. 2003.

Eco, Humberto. **O nome da Rosa**. Rio de Janeiro: Nova Fronteira, 2006.

Ferreira, N. S. C. (Org.). **Gestão democrática da educação**: atuais tendências, novos desafios. 4. ed. São Paulo: Cortez, 2003.

Ferreira, N. S. C.; Aguiar, M. Â. da S. (Org.). **Para onde vão a orientação e a supervisão educacional?** Campinas: Papirus, 2002.

Freitas, H. C. L. de. Programas do ensino superior no campo da formação dos profissionais da educação básica: as políticas educacionais e o movimento dos educadores. **Educação e Sociedade**, Campinas, n. 69, p. 17-44, dez. 1999.

FRIGOTTO, G.; CIAVATTA, M. (Org.). **A experiência do trabalho e a educação básica.** 2. ed. Rio de Janeiro: DP&A, 2005.

GOUNET, T. **Fordismo e toyotismo**: na civilização do automóvel. São Paulo: Boitempo, 1999.

HABERMAS, J. A nova intransparência: a crise do estado de bem-estar social e o esgotamento das energias utópicas. **Novos Estudos Cebrap**, São Paulo, n. 18, set. 1992.

HADDAD, F. Trabalho e classes sociais. **Tempo Social**, São Paulo, v. 9, n. 2, p. 97-123, out. 1997.

HARVEY, D. **Condição pós-moderna**. São Paulo: Edições Loyola, 2001.

HOUAISS, A.; VILLAR, M. de S. **Dicionário Houaiss da língua potuguesa**. Rio de Janeiro: Objetiva, 2001.

IANNI, O. O mundo do trabalho. **São Paulo em Perspectiva**, São Paulo, v. 8, n. 1, 2-12, jan./mar. 1994.

KUENZER, A. Z. As políticas de formação: a construção da identidade do professor sobrante. **Educação e Sociedade**, Campinas, n. 68, p. 163-183, dez. 1999. Edição especial.

_____. As mudanças no mundo do trabalho e a educação: novos desafios para a gestão. In: FERREIRA, Naura S. C. (Org.). **Gestão democrática da educação**: atuais tendências, novos desafios. 4. ed. São Paulo: Cortez, 2003.

_____. **Pedagogia da fábrica**. São Paulo: Cortez, 1986.

_____. Trabalho pedagógico: da fragmentação à unitariedade possível. In: FERREIRA, N. S. C.; AGUIAR, M. Â. da S. (Org.). **Para onde vão a orientação e a supervisão educacional?** Campinas: Papirus, 2002.

LIBÂNEO, J. C. Educação e pedagogia. O campo investigativo da pedagogia e da didática no Brasil. Esboço histórico e lutas de identidade epistemológica e profissional. In: PIMENTA, S. G. **Didática e formação de professores**: percursos e perspectivas no Brasil e em Portugal. 2. ed. São Paulo: Cortez, 2000.

_____. **Organização e gestão da escola**. Goiânia: Alternativa, 2001.

_____. Que destino os educadores darão à Pedagogia? In: PIMENTA, S. **Pedagogia, ciência da educação?** São Paulo: Cortez, 1996.

LIMA, E. C. Um olhar histórico sobre a supervisão. In: RANGEL, Mary (Org.). **Supervisão pedagógica**: princípios e práticas. Campinas: Papirus, 2001.

LÜDKE, M. Os professores e a sua socialização profissional. In: REALI, A. M. M. R.; MIZUKAMI, M. G. N. **Formação de professores**. São Carlos: EdUFSCar, 1996.

MARTINS, A. **Dos anos dourados aos anos de zinco**: análise histórico-cultural da formação do educador no Instituto de Educação do Rio de Janeiro. Rio de Janeiro, 1996. Tese (Doutorado em Educação) – Universidade Federal do Rio de Janeiro.

MARX, K. **Capítulo VI inédito de O capital**: resultados do processo de produção imediata. São Paulo: Editora Moraes, 1996.

_____. **O capital**: crítica da economia política. Rio de Janeiro: Civilização Brasileira, 1998. Livro I, v.1.

_____. **Elementos fundamentales para la crítica de la economia política (Grundisse)**. México: Siglo Veintiuno, 1985.

MAZZOTTI, T. B. Estatuto da cientificidade da pedagogia. In: PIMENTA, S. G. **Educação, pedagogia e didática**. São Paulo: Cortez, 1996.

NÉRICI, I. G. **Introdução à supervisão escolar**. São Paulo: Atlas, 1973.

NÓVOA, A. O passado e o presente dos professores. In: _____. **Profissão professor**. Porto: Porto Editora, 1992a.

_____. (Coord.). **Os professores e sua formação**. Lisboa: Dom Quixote, 1992.

PARO, V. H. A gestão da educação ante as axigências de qualidade e produtividade da escola pública. In: SEMINÁRIO INTERNACIONAL Sobre Reestruturação Curricular, 5., 1998, Porto Alegre. Disponílvem em: <http://www.escoladegestores.inep.gov.br/downloads/artigos/gestao_da_educacao/a_gestao_da_educacao_vitor_Paro.pdf>. Acesso em: 17 abr. 2008.

OLIVEIRA, D. A.; ROSAR, M. F. (Org.). **Política e gestão da educação**. Belo Horizonte: Autêntica, 2002.

PEREIRA, L. **De donzela angelical a esposa dedicada**: a profissional de educação. 1996. Tese (Doutorado em Educação) – Universidade de São Paulo, São Paulo, 1996.

PIMENTA, S. G. **Para uma re-significação da didática** – ciências da educação, pedagogia e didática (uma revisão conceitual e uma síntese provisória). Disponível em: <http://www.educacaoonline.pro.br/para_uma_resignificacao.asp?f_id_artigo=275>. Acesso em: 27 nov. 2007.

_____. Panorama atual da didática no quadro das ciências da educação. In: _____. **Pedagogia, ciência da educação?** São Paulo: Cortez, 1996.

SCHEIBE, L. Diretrizes Curriculares para o Curso de Pedagogia: trajetória. **Cadernos de Pesquisa**, São Paulo, v. 37, nº130, p. 43-62, jan./abr. 2007. Disponível em: <http://www.scielo.br/scielo.php?script=sci_arttext&pid=s0100-15742007000100004-&lmg=pt&nrm=iso>. Acesso em: 17 abr. 2008.

SILVA, Carmem S. B. da. **Curso de pedagogia no Brasil**: história e identidade. Campinas: Autores Associados, 1999.

SILVA, T. (Org.). **Trabalho, educação e prática social**. Porto Alegre: Artes Médicas, 1991.

ZEICHNER, K. **A formação reflexiva de professores**: idéias e práticas. Lisboa: Educa, 1993.

BIBLIOGRAFIA COMENTADA

AGUIAR, Márcia Ângela da S.; FERREIRA, Naura S. C. (Org.). **Gestão da educação**: impasses, perspectivas e compromissos. São Paulo: Cortez, 2000.

Nesse livro, vários autores discutem as políticas e a gestão da educação em diferentes espaços e contextos.

ANTUNES, R. **Adeus ao trabalho?** Ensaios sobre as metamorfoses e a centralidade do mundo do trabalho. São Paulo: Cortez, 1998.

O autor discute nesse livro a centralidade da categoria trabalho a partir da forma de ser do mundo contemporâneo, analisando as relações sociais em seus aspectos históricos.

CARVALHO, J.; SIMÕES, R. O processo de formação continuada de professores: uma construção estratégico-conceitual expressa nos periódicos. In: ANDRÉ, M. E. D. DE (Org.). **Formação de professores no Brasil (1990–1998)**. Brasília: MEC/Inep/Comped, 2002.

A obra apresenta um estudo sobre a formação dos professores no Brasil exposta na produção científica publicada em periódicos da área da educação, trazendo um panorama da formação desses profissionais. A pesquisa foi realizada com base em um projeto da Associação Nacional de Pós-Graduação e Pesquisa em Educação (Anped) juntamente com o Comitê dos Produtores da Informação Educacional (Comped) e o Instituto Nacional de Estudos e Pesquisas Educacionais (Inep). Traz resultados, conclusões e resumos das obras utilizadas.

FERREIRA, Naura S. C. (Org.). **Gestão democrática da educação**: atuais tendências, novos desafios. 4. ed. São Paulo: Cortez, 2003.

A autora organiza textos de autores que propõem uma discussão e análise das tendências, buscando apontar alternativas para um conhecimento emancipatório em contraposição às propostas superficiais mais recentes.

FREITAS, Helena C. L. de. Programas do ensino superior no campo da formação dos profissionais da educação básica: as políticas educacionais e o movimento dos educadores. **Educação e Sociedade**, Campinas, n. 69, p. 17-44, dez. 1999.

Nesse trabalho, a autora apresenta as discussões que têm orientado o debate acerca da formação dos profissionais da educação, refazendo o caminho estabelecido por esses profissionais na luta pela sua formação e pela profissionalização do magistério – representada na atualidade pela Associação Nacional pela Formação dos Profissionais da Educação (Anfope) – nos últimos 20 anos.

KUENZER, A. As políticas de formação: a construção da identidade do professor sobrante. **Educação e Sociedade**, Campinas, n. 68, p. 163-183, dez. 1999. Edição especial.

As novas políticas de formação de professores diante das mudanças ocorridas no mundo do trabalho e das políticas educacionais que elas determinam desde a aprovação da LDB são o enfoque desse artigo.

KUENZER, Acácia Z. As mudanças no mundo do trabalho e a educação: novos desafios para a gestão. In: FERREIRA, N. S. C. (Org.). **Gestão democrática da educação:** atuais tendências, novos desafios. 4. ed. São Paulo: Cortez, 2003.

Nesse texto, a autora discute como a reestruturação produtiva, enquanto expressão material da sociedade, determina as relações educacionais e os impactos dessa nova formatação para os gestores escolares.

KUENZER, A. Z. Trabalho pedagógico: da fragmentação à unitariedade possível. In: FERREIRA, N. S. C.; AGUIAR, M. Â. da S. (Org.). **Para onde vão a orientação e a supervisão educacional?** Campinas: Papirus, 2002.

A autora discute a possibilidade ou não da unitariedade escolar, visto que, em uma sociedade dicotomizada, esse é um projeto muito difícil de ser concretizado.

LIBÂNEO, J. C. **Organização e gestão da escola.** Goiânia: Alternativa, 2001.

O autor propõe nessa obra o estudo das práticas e da gestão da escola, apontando até mesmo as competências necessárias para a tomada de decisão, imprescindíveis aos gestores educacionais.

LIMA, E. C. Um olhar histórico sobre a supervisão. In: RANGEL, M. (Org.). **Supervisão pedagógica**: princípios e práticas. Campinas: Papirus, 2001.

Esse texto, assim como os outros do livro, traçam o caminho da supervisão escolar, discutindo alguns princípios que nortearam essa habilitação. O capítulo destacado mostra um panorama histórico da supervisão até os anos 1990, apontando também algumas questões dos anos 2000.

MARX, K. **O capital:** crítica da economia política. Rio de Janeiro: Civilização Brasileira, 1998. Livro I, v. 1.

Em plena maturidade intelectual, Marx aprofunda e sistematiza a análise crítica das formas de sociabilidade que caracterizam o mundo moderno. *O capital* não é considerado simplesmente um livro de economia. Com o emprego do método dialético, que privilegia o ponto de vista da totalidade, a obra tem como objeto a reconstrução das principais determinações da vida social global dos homens.

Nóvoa, A. O passado e o presente dos professores. In: _____. **Profissão professor**. Porto: Porto Editora, 1992.

Nessa obra, o autor coloca o currículo como ponto de partida de qualquer projeto de formação, por ser expressão de conflitos e consensos construídos com base na (re)definição das suas políticas e práticas.

Silva, C. S. B. da. **Curso de pedagogia no Brasil**: história e identidade. Campinas: Autores Associados, 1999.

A autora trata da polêmica questão da identidade do curso por meio do exame de suas regulamentações, bem como das principais propostas produzidas no interior do movimento que visou à sua reformulação.

Gabarito

Um

Atividades de auto-avaliação

1 – b
2 – b
3 – d
4 – c
5 – c

ATIVIDADES DE APRENDIZAGEM

QUESTÕES PARA REFLEXÃO

1) O objetivo é refletir sobre as mudanças sociais mais marcantes em épocas históricas distintas, articulando-as à realidade atual.

2) Quando se analisam as mudanças sociais do mundo do trabalho em pessoas de convívio próximo, consegue-se ter maior clareza dessas transformações sociais.

DOIS

ATIVIDADES DE AUTO-AVALIAÇÃO

1 – a
2 – e
3 – c
4 – a
5 – b

ATIVIDADES DE APRENDIZAGEM

QUESTÕES PARA REFLEXÃO

1) O leitor deve aprofundar seu estudo sobre a formação do professor, visto que esse aprofundamento é essencial para a compreensão da formação do pedagogo.

2) O leitor deve compreender que, em cada momento histórico, há um profissional diferenciado buscando atender às demandas da realidade.

TRÊS

ATIVIDADES DE AUTO-AVALIAÇÃO

1 – a
2 – a

3 – d
4 – c
5 – b

ATIVIDADES DE APRENDIZAGEM

QUESTÕES PARA REFLEXÃO

1) Nessa atividade, o leitor deve apontar os aspectos de formação que estavam sendo discutidos na época, buscando compreender o movimento social vivenciado pelos pedagogos.

2) Espera-se que o leitor, ao analisar alguns currículos de cursos de Pedagogia dos anos 1980 e 1990 e compará-los com as propostas atuais, aprofunde sua compreensão de como a profissão de pedagogo foi se constituindo em nosso país.

QUATRO

ATIVIDADES DE AUTO-AVALIAÇÃO

1 – b
2 – d
3 – a
4 – c
5 – c

ATIVIDADES DE APRENDIZAGEM

QUESTÕES PARA REFLEXÃO

1) Conhecer as Diretrizes Curriculares Nacionais para o Curso de Pedagogia, publicadas em dezembro de 2005, é de fundamental importância para todos os profissionais formados nesse curso.

2) Além do documento oficial, é preciso que o leitor conheça a posição de autores reconhecidos nacional e internacionalmente, pois isso colabora para a constituição da sua consciência profissional.

Sandra Terezinha Urbanetz é professora e coordenadora do curso de Pedagogia da Faculdade Internacional de Curitiba – Facinter. Doutoranda em Educação na Universidade Federal do Paraná, na área de Educação e Trabalho, já publicou vários artigos em eventos especializados. Em sua trajetória na área da educação, destaca-se sua atuação como professora de cursos de pós-graduação e de formação de professores, além de seu trabalho como pedagoga na Rede Municipal de Ensino de Curitiba.

Simone Zampier da Silva é mestre em Educação pela Universidade Federal do Paraná, atua como professora e coordenadora de estágio do curso de Pedagogia da Faculdade Internacional de Curitiba – Facinter e leciona ainda em cursos de formação de docentes em nível médio e de pós-graduação. Tem artigos publicados em eventos científicos e realiza pesquisas sobre temas importantes para a educação na atualidade, como políticas educacionais e avaliação institucional.

Este livro foi impresso pela Reproset
Indústria Gráfica, sobre papel *offset* 75g/m²
para a Editora Ibpex em janeiro de 2011.